撃ちてし止まむ

海軍ポスター

海軍ポスター

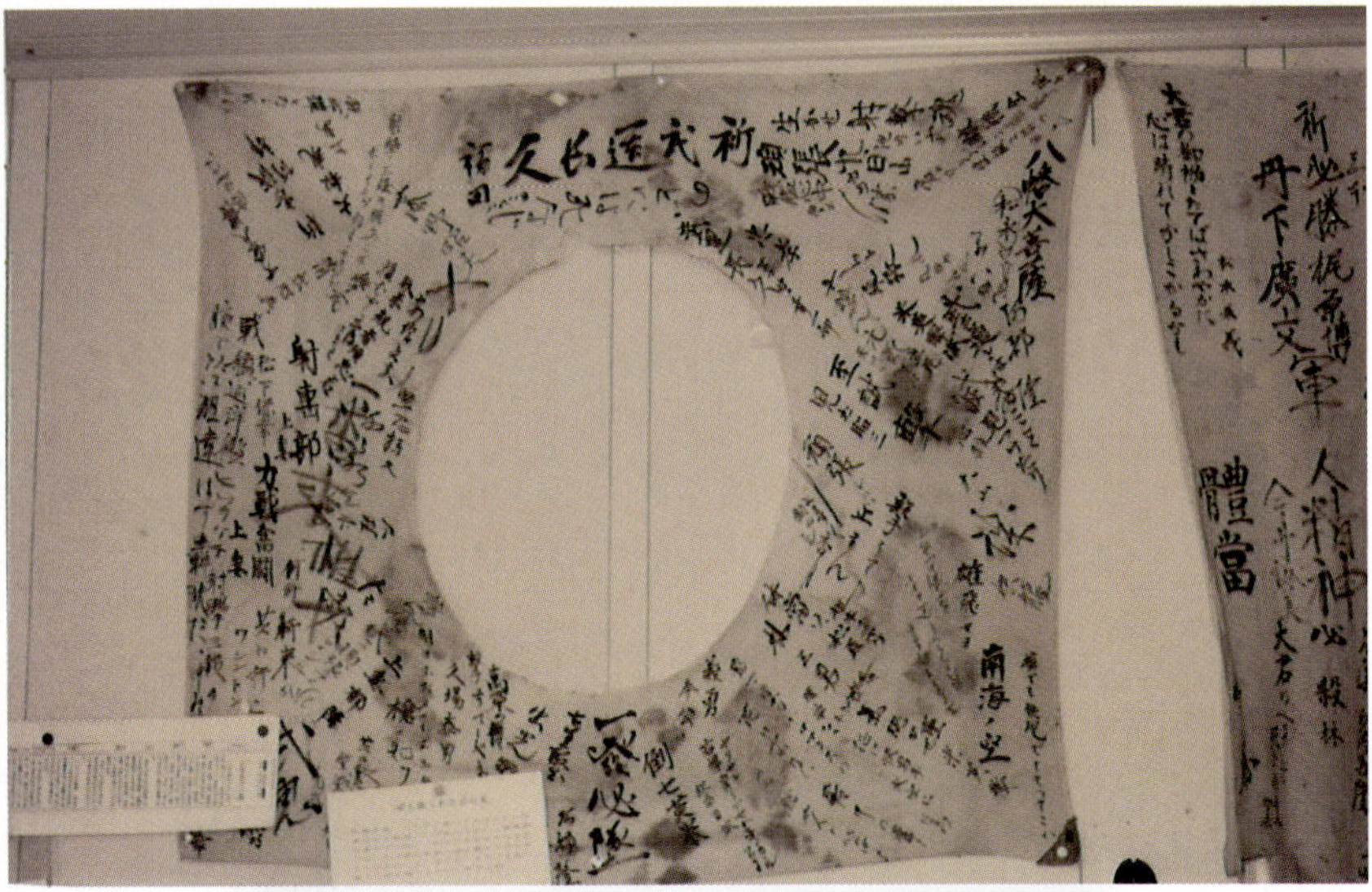
祈武運長久

日の丸抜きの旗

ハノイ近隣諸省の人々は助けを求めてハノイにやってきた
ハノイ市内のハンザ市場には人々が救援物資の支給を待っていた。多くの人々が食糧を受け取れずに、死んでいった

X時間の日ー
ベトナム人二百万人
餓死事件

慰問袋とその
（いもんぶくろ
そのなかみ）

千人針

千人針

日本プロレタリア美術集

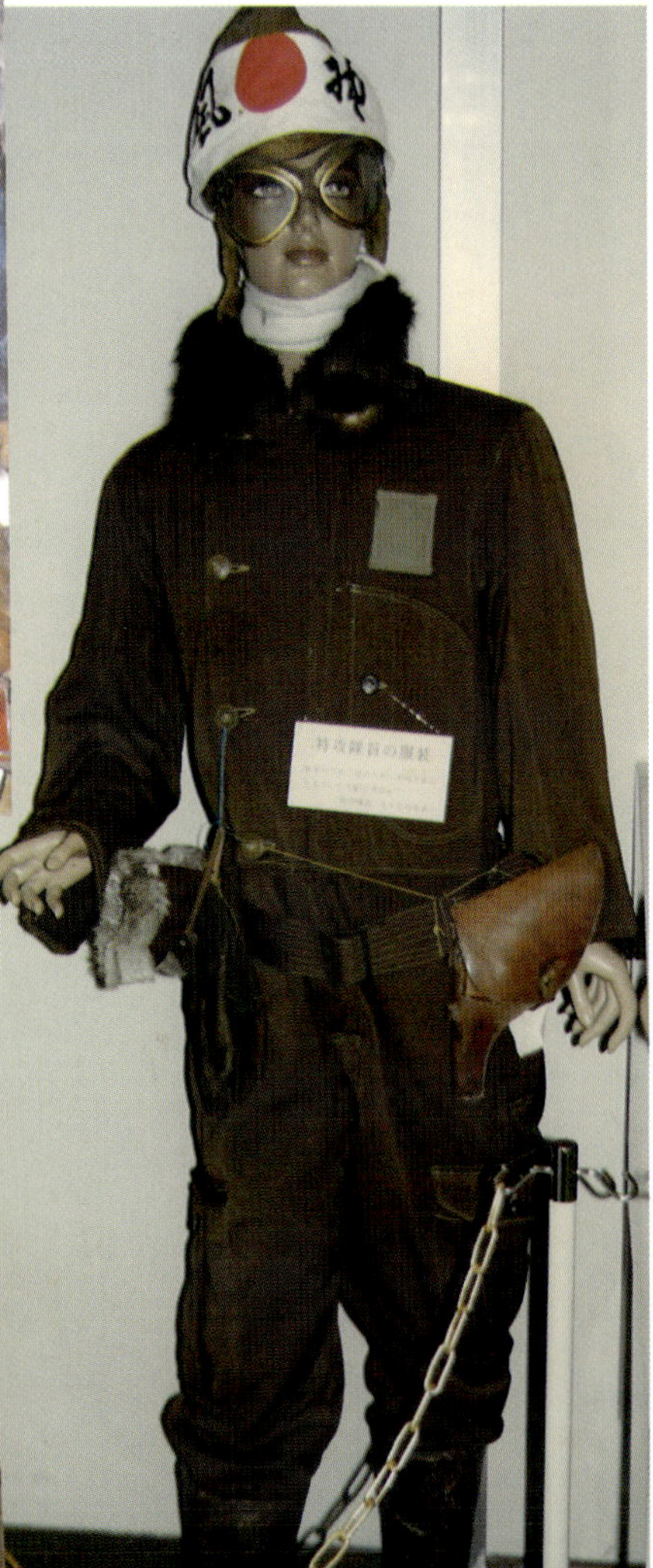

陸軍特攻隊員の服装（りくぐん
とっこうたいいんのふくそう）

麦と兵隊

ふれてください戦争に

―遺品が語る戦争の実相―

武富慈海著

はしがき

日中、太平洋戦争と十五年間の戦争、戦前がその準備で戦後が始末と再建の時期、昭和史はこう言える。血と涙……毎日が戦争であった。ここにあるものは復員の際、兵士が命がけで持ち帰ったもの。あるいは家庭で戦中戦後大事に保存していたものばかりである。

平和と繁栄、その全く逆が戦争の時代である。それだけにいずれも異様に見えるがこれらのものが溢れていたのが日常であった。

物の一面だけを見るのではなく、両面を比較し正しい評価をすべきである。戦争のない現在の意味を問うようすがとしたい。

うしろ姿のしぐれてゆくか　山頭火

晩秋、初冬の候の時雨は独特の風情がある詩境だが、この句は私の住む筑豊から車で一時間くらいの場所で詠まれたもの。石炭から石油へと転換するエネルギー政策により次々と炭坑が閉山に追い込まれ環境破壊の進んだ筑豊だが、彼の見た山河はかろうじて残っている。一九三一（昭和六）年大晦日の作。三か月前満州事変が勃発。自嘲とも解されるが山頭火は日本の前途を予測していたとさえ思える。

武器よさらば！永久に戦争の放棄を誓った敗戦直後、焦土で誓った約束を忘れてはいけない。

一九七九（昭和五十四）年七月一日、戦争反省と後世への教訓を残すため、私設『兵士・庶民の戦争資料館』を設立して今年で四十年が経った。初代館長武富登巳男が遺した資料館を二〇〇三年一月二十二日より二代目館長として引き継いだ母武富智子が今日まで継承してきた。これも全国におられる多くの支援者、協力者の方々のお陰であると感謝無量である。

私は大学を卒業して生まれ故郷の筑豊で職を得た。ご縁を頂き児童養護施設の児童指導員として働くことになった。児童養護施設は児童福祉法に基づく社会的養護の最前線。前述した炭鉱閉山のあおりは子供たちを直撃した。土門拳の写真集『筑豊のこどもたち』がベストセラーになった時期で、筑豊地区に三カ所の施設ができた。閉山による家庭崩壊で保護し養育を必要とする子どもたちが急増したためである。三十三年間子どもたちと起居を共にした。関わった子どもたちは八百余人にもなった。施設を出てそれぞれの場所で自立し一人前の社会人として働いている。よき伴侶を得て家族を持ち子育てをしている子もいる。

悪戦苦闘しながらもまっとうに生き抜いている施設出身者のためにも、すべてを破壊する戦争の実相を今伝えなければならない。さもないと再び悲惨で愚かな戦争になりそうな気配が蔓延していることを感じ取ったからである。

戦争を遠い過去の出来事として見るのではなく、戦争体験の記憶を正しく継承しなければならない。記録と記憶を伴うことによって、「抑止力」となる。

戦争の実相を一つ一つの実物資料で知り、平和への意思を固めて頂くことを切に願う。

目　次

第一部　兵士と軍関係

第二部　戦時下の生活

第一部

兵士と軍関係

1　徴兵事務之栞（ちょうへいじむのしおり）

市町村役場の事務心得

福岡県二瀬町（当時）役場旧蔵。既定の改廃などその都度記録。実務上の虎の巻。

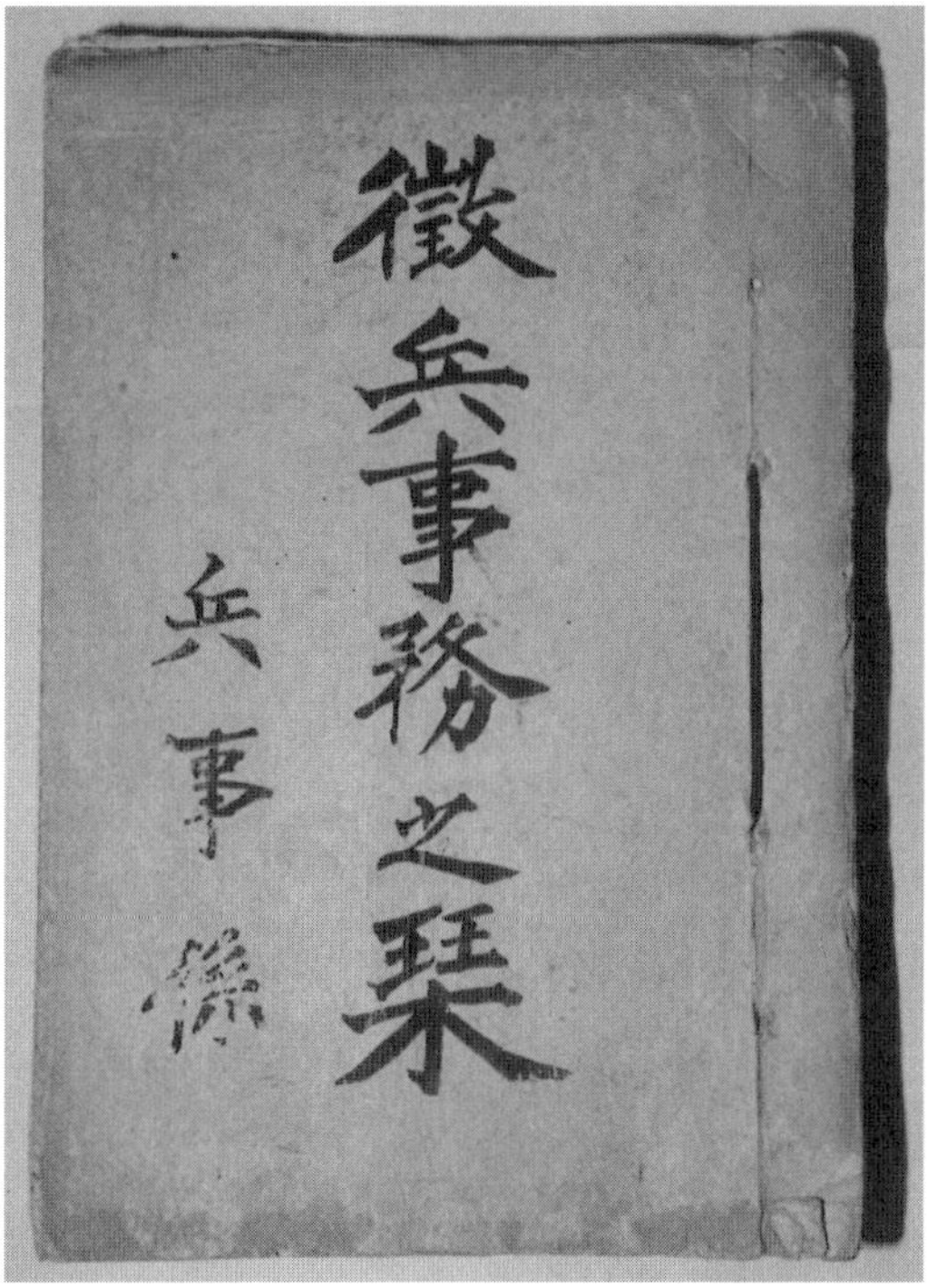

2　一銭五厘の赤紙

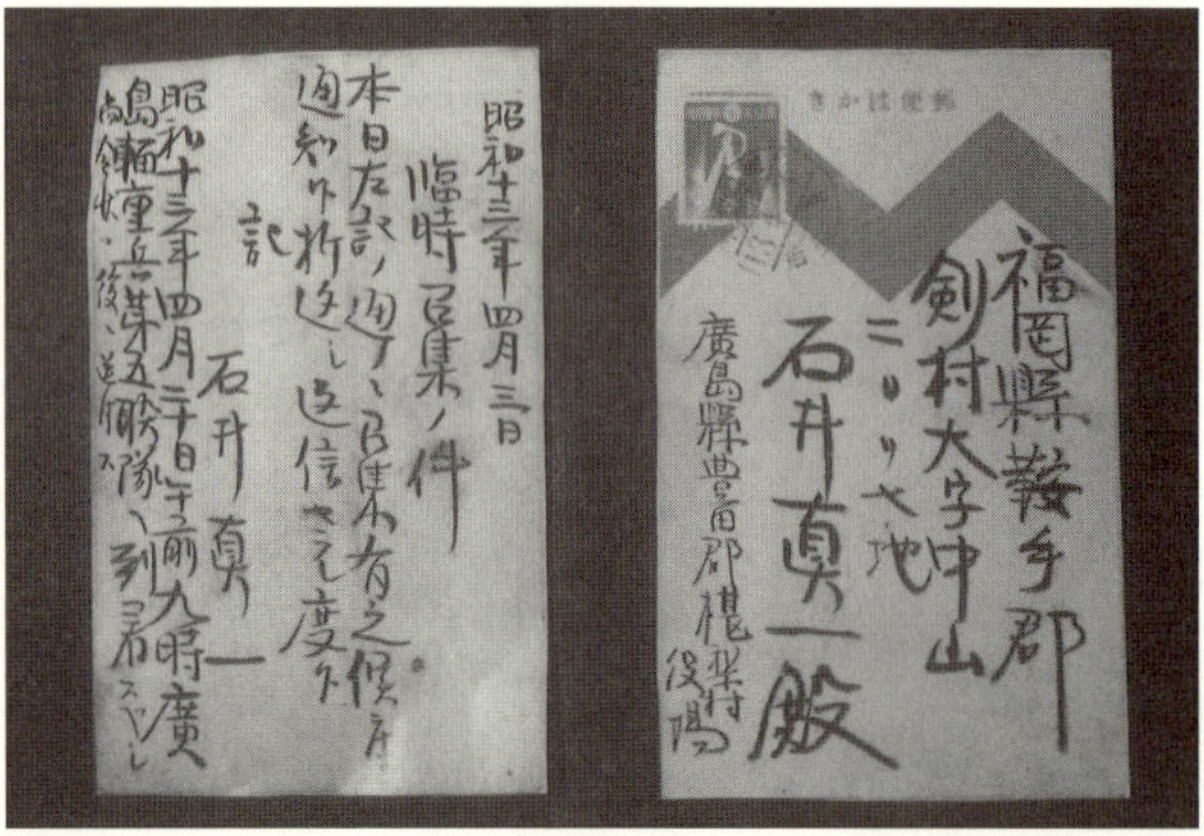

「一銭五厘の命」という言葉を第二次世界大戦中、日本の兵士はよく口にした。その意味は、一銭五厘のはがき一枚でいくらでも召集することのできる消耗品であると解された。これは俗説である。

はがき一枚一銭五厘は明治三十二年四月から昭和十一年三月まで四十年間続いた。この間に日露戦争、青島出兵、シベリア出征、満州事変、上海事変と戦争があり、動員も多く年月も長かったので俗説が生まれた。

昭和十三年四月三日消印のはがき一枚が資料館にある。裏面に昭和十三年四月三日、臨時召集の件、本日左記ノ通リ召集有之候付通知候、折返シ返信セラレ度候」とあり、二銭切手である。本籍地役場から出郷者への至急の通知状そのものではない。

令状は役場から急使が配ったから兵士の召集には一銭五厘もいらない。それにも価せぬ、全くただで狩り集められたといえる。

3　召集令状用封筒（しょうしゅうれいじょうようふうとう）

召集令状は連隊区司令部から該当警察署長にこの封筒に入って届けられる。役場から係が来て受領するか、深夜など警察官が役場へ届けた。役場で所定の手続きをし、本人には規定された急使によって届けた。

その際は令状だけでこの封筒は使用しない。封筒上部に動員を示す紅色山形がある。

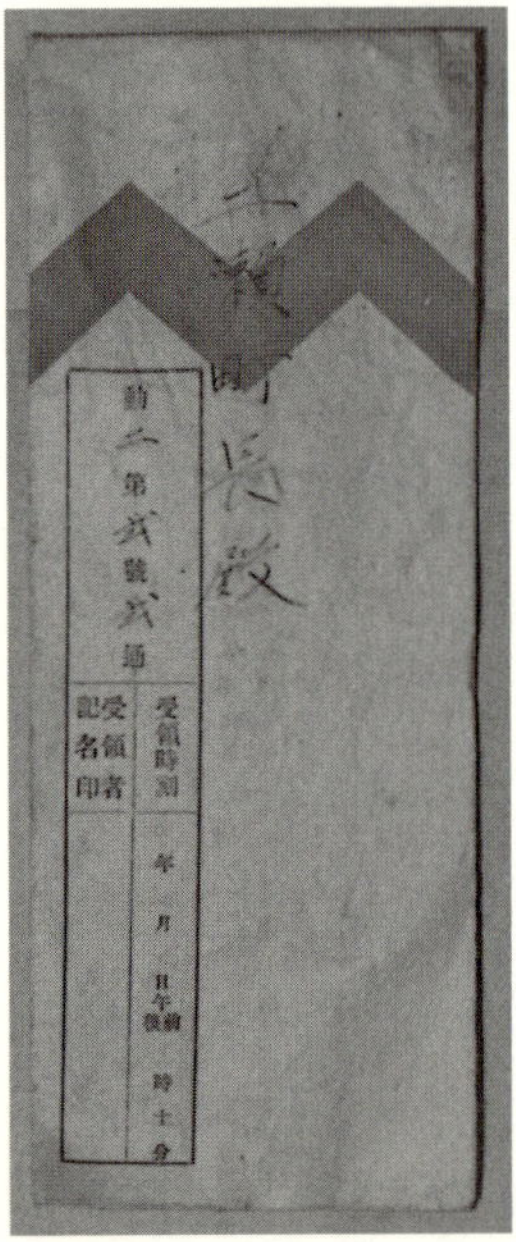

4　旧陸軍歩兵装備概要図

ビルマ、インパール作戦（昭和十九年）参加の菊兵団（久留米）兵の装備

一　三八式歩兵銃・帯剣（三八式銃剣）
　小銃弾二百四十発、手榴弾六発、
　被甲爆雷（アンパン）一個
二　鉄帽、防毒面、円匙（小スコップ）また十字鍬（小つるはし）
三　天幕一枚、冬外套一着、地下足袋一足、糯袢、袴下、靴下、褌、手拭各二枚
四　飯盒、水筒、白米一斗（約一・五キロ）
　塩乾魚、粉味噌、粉醤油、ビルマ砂糖、ごま塩、食塩、乾パン、固形燃料
五　典範令類（歩兵操典等、書籍、通信紙）
六　奉公袋（日の丸旗、包帯、三角巾、石鹸、
　剃刀、糸巻、ボタン、針、ちり紙、煙草、筆記具、クレオソート、キニーネなどの薬品類）その他

○米は重いので、背嚢に入りきらない。靴下にも入れ背嚢の上下左右にくくりつける。

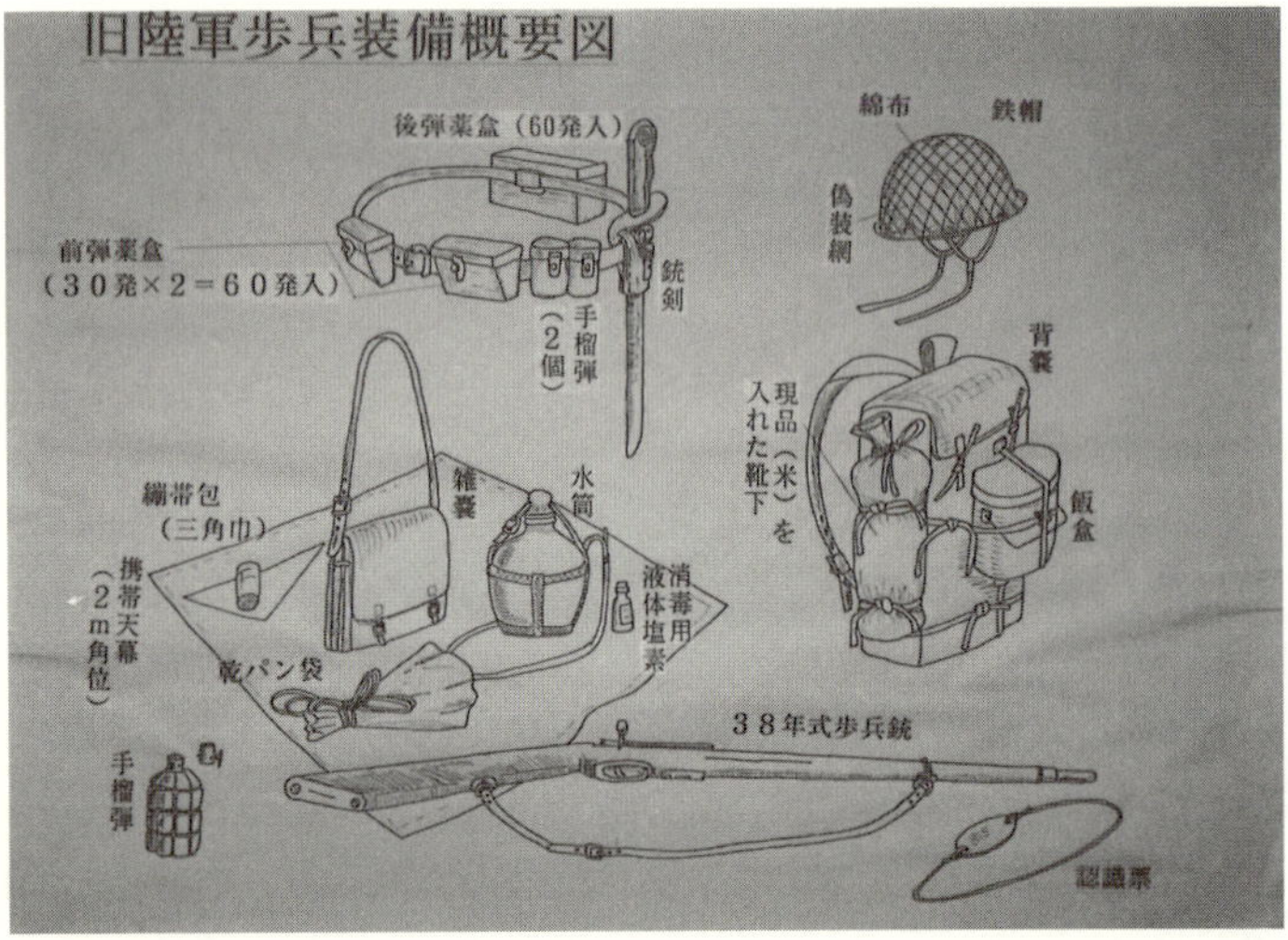

○背嚢が重いので米を早く食べたいが先のことが心配でそうすることもできぬ。小休止で腰を下ろすと立ち上がる時、戦友の手助けが必要であった。

5　軍事関係図書（ぐんじかんけいとしょ）

陸軍の歩工兵科用　上　下
戦陣訓詳解
赤十字条約抜粋
歩兵操典
工兵教範
馬事提要抜粋
在郷軍人心得抜粋
上等兵になるには
陸軍刑法・陸軍懲罰令抜粋

6　勅諭写（ちょくゆうつし）

軍人勅諭（明治十五年陸海軍人に賜りたる勅諭）のポケット判

勅諭は軍人の聖典。絶対的なもの。平時、戦時を問わず常時遵守を命ぜられていた。大本営陸軍部が出動将兵のため配布したものであるが、戦陣表にあって紙は擦り切れている。

7 軍事郵便葉書（ぐんじゆうびんはがき）

戦地から内地へは軍事郵便葉書しか出せなかった。出征兵士と故国の留守家族を結んだもの。陸軍恤兵部が有名画家に依頼した図柄は勇壮なものが多かった。検閲済みの印だけで外地部隊から出す葉書は切手不要であった。

8　上靴――私的制裁という暴力

スリッパ、軍隊では上靴《じょうか》革製

「初年兵と背嚢は叩くほどよくできる」こんな申し送りが昔からあった。背嚢に外套などまきつける時、曲がり角などを手で叩いて修正すると格好良く仕上がる。初年兵教育にもとたとえたものである。

ビンタ、鬢打、ビンは頭の左右の髪の生え際で、ビンタは顔を平手あるいはこぶしで叩くこと。正しくはビンダだがビンタと呼ばれてきた。横面をはたくことは日本の風習で古くからあった。軍隊だけでなく家庭でも親が子に、夫が妻に、職場では雇い主が使用人を、学校では教師が生徒にと広く行われ、体罰のなかでは最も簡単で手軽なものであった。片手で左右に叩く「往復ビンタ」、連帯責任のため互いに相手を叩かせるのが「対抗ビンタ」。

叩くほかに、食らう、張る、とぶなどの動詞が付く。軍の学校では「修正」と呼んだ。国内では日常茶飯事だったこのビンタも、戦時中には捕虜、現地人に行われた場合には風習の違いから、罰というより虐待、暴行となり戦後、死刑を含め多くの戦争犯罪人を出した。

手で叩くと自身も痛くなるので上靴を使う。これは十分にこたえ頬ははれ上がり、口内も出血、一撃で卒倒する者も出る。二、三日は飯も味がせぬくらいだ。

作家の柴田錬三郎はニヒリズム剣士眠狂四郎の生みの親。故人だが父と同年で好きな作家であった。自身の体験から上靴ビンタを作品に書いている。一九六〇（昭和三五）年雑誌で発表した。

その夜、点呼が終わったとたん、古兵たちは、突如として、初年兵の整頓棚の私物を片端から、寝台上へ抛り出した。初年兵たちが、こっそり持ち込んだ食物が散乱した。生きた心地もなく、初年兵たちは自分自身の寝台の前に立ち竦んだ。食物を持ち込んでいないのは、切人のほか、退役陸軍中将の息子という、青成瓢箪のような、平安時代ならば、絶世の美男子ともてはやされそうな男だけであった。

「初年兵整列！」

三年兵でまだ上等兵になれぬ古兵が、怒鳴った。その右手には、革の上靴が掴まれていた。初年兵たちは凶器と化した上靴の威力を、まだあじわったことはなかった。それだけにかえって、その痛さが想像されて、中には、もう、目蓋を閉

じてしまった者もいた。
「おい、初年兵たち、これから、もらうビンタの味と、昼間面会所でたらふくくらった御馳走の味を、ようく、くらべてみろ！
いいか！貴様ら、内務斑に、食物を持ち込んではならん、という規則を知りながら、破りやがった。しかし、せっかく持ち込んだ食物を、むざむざすてさせるほど、古兵たちは無慈悲じゃねえ。ただ、その前に規則を破った罰だけは、くれておいてやる。いいか、この上靴ビンタをくらえば、口の中は、裂けてしまうんだ。水も飲めないくらいになる。そのことをおぼえておけ」
まことに制裁方法は、巧妙をきわめていた。明治時代から、まったく同じ組織と掟をもって存続して来た格子なき牢獄であってみれば、ことごとく、初年兵時代に、身におぼえのあることだった。面会を許されたはじめての日曜後の夜、初年兵たちの私物の中に、どんなものがかくされるかということぐらい、掌をさすがごとく明白であった。

「両手をうしろに組んで、脚をひらけ！」ようく歯をくいしばっていろ！　いいな！」

古参一等兵は、悪鬼のような陰惨な形相で、宣告しておいて、右端から、ばしっ、ばしっと上靴ビンタを頬げたへくれはじめた。

順番がまわって来るのを待っている者にとって、この音はなんとも言いようのない、むごたらしいひびきをもっていた。

撲り手は、切人の前まで来ると

「どうして、貴様は、持ち込んどらんのだ？」

「面会所で、食いすぎたのであります」

「この野郎！初年兵のくせに、態度が大きいぞ！」

容赦なく一撃をくれた。

切人は、目から火花が散る、という形容は、実際にあり得ることを経験した。

（『図々しい奴』）

もとより小説はフィクションだが、この描写はほんものである。ビンタをふくめ軍隊内で行われた私的制裁というものがあった。

私的制裁には様々な方法がある。陸軍『内務教育の参考』は一九三四（昭和九）年改正の『軍隊内務書』に即して書かれたが、下士官候補者の教育のためのテキストに採用され、広く読まれた。次は私的制裁の一覧表である。

①精神的苦痛を与える方法

秘密をあばく、罵倒、侮辱、皮肉、厭味

②肉体的苦痛を与える方法

殴打（拳・上靴・帯革・洗矢・携帯天幕控抗等）。突く、相互に殴打、重量物をさげさせ、あるいは負わす等、懲戒の目的をもってする長時間の不動の姿勢および早駆。据銃等武技の悪用、これらが一番多い。

具体例、拳で頬を殴るビンタは日常的。革製のスリッパである上靴は前述した。幅広の革製ベルトである帯革（銃剣をつるすためのもの）や、銃腔手入用の鋼製の細い棒である洗矢、携帯天幕用の樫の木製のとがった細い杭をもってするなども初歩的な暴力である。武技の悪用で最も普通なのが銃剣術用の木銃で突き倒すこと。外にも寝台を背負わしめ甚だしきは数人の二年兵がその上に上がる法等。

③物質的苦痛を与える方法

兵営外における飲食の饗応、班内での煙草、葉書、切手等日用品の借用、酒保での飲食の饗応、物品の贈与、金銭の借用、映画、温泉等に同行し、その支払いをなさしむ。

これらの苦痛が直接本人に加えられるだけでなく、本人に非常な苦痛を与えるように環境を作りあげることも、陰湿な軍隊内暴力の特徴といえる。

天皇の軍隊として軍の命脈である軍記を守らせるため、陰湿な暴力、私的制裁が明治以来伝統的に行われ、遂に改められることはなかった。このため軍隊不信となり自殺者も出た。旧満州、国境守備の関東軍から逃亡、ソ連に越境した例もある。

9　鉄帽（てつぼう）

太陽光線や月光の反射などを避けるため覆がついているものもある。実戦ではさらに草などを網に差し偽装し敵に見えにくくする。

10 三八式歩兵銃（さんぱちしきほへいじゅう）

日本軍の歩兵が使用した代表的な銃。一九〇五（明治三八）年に制定されて以来、一九四〇（昭和一五）年九九式小銃が採用されるまで長く使われ、今でも懐かしむ人が多い。　天皇家紋章十六辧菊の紋と三八式の刻印が象徴である。

口径六・五ミリ、全長一二八センチ、重量三・九五キロ、射程三、〇〇〇メートル、弾薬三八式歩兵銃実包、装弾数五発、命中精度の高さは世界でも優秀。三〇年式銃剣を装着し兵戦に威力を発揮した。

11　兵士用水筒（へいしようすいとう）

アジア太平洋戦争において死没した日本兵の大半は、いわゆる「名誉の戦死」ではなく、餓死や栄養失調による病死であった。

死の直前まで命を繋いだ水筒であった。

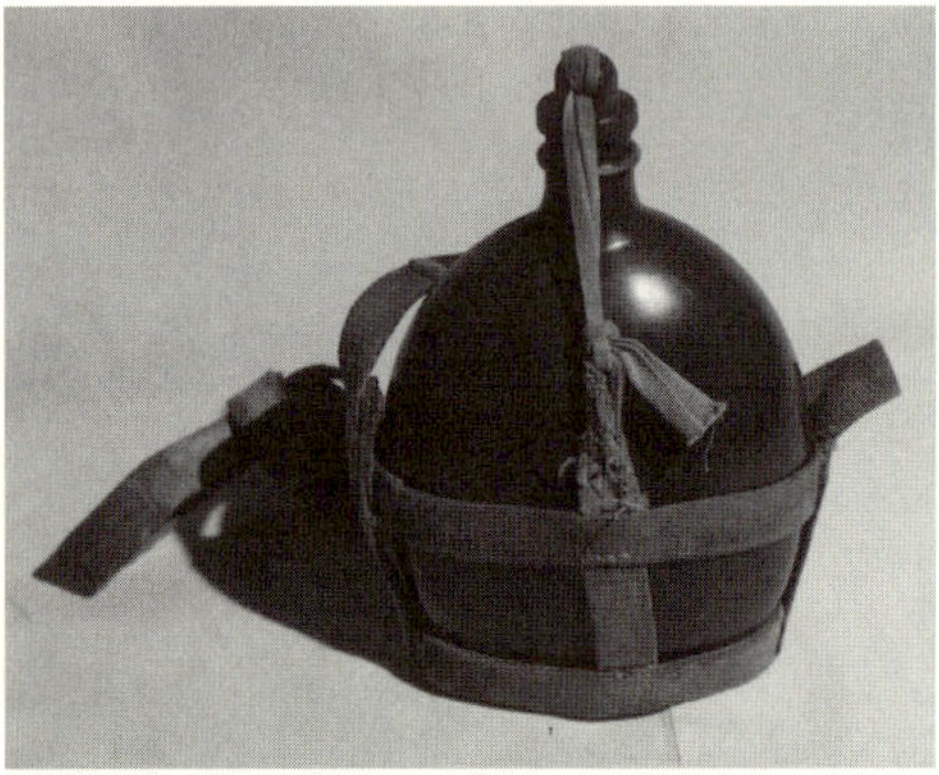

12　飯盒（はんごう）

演習、実戦で使用

右　将校用

左　下士官、兵用

13　背嚢（はいのう）

行軍、演習、実戦で使用。

インパール作戦参加兵士がつけたもの。重量五十五キロ。天幕一枚、冬外套一着、飯盒、白米一五キロ、塩乾魚、粉味噌、粉醤油、砂糖、ごま塩、食塩、乾パン、固形燃料、円匙、十字鍬等を収納していた。

14　巻脚絆（まききゃはん）

軍装の足下を動作に便ならしむるため巻く。下士官、兵用。

15　皮脚絆（かわきゃはん）

下士官以上が着用。

14　巻脚絆

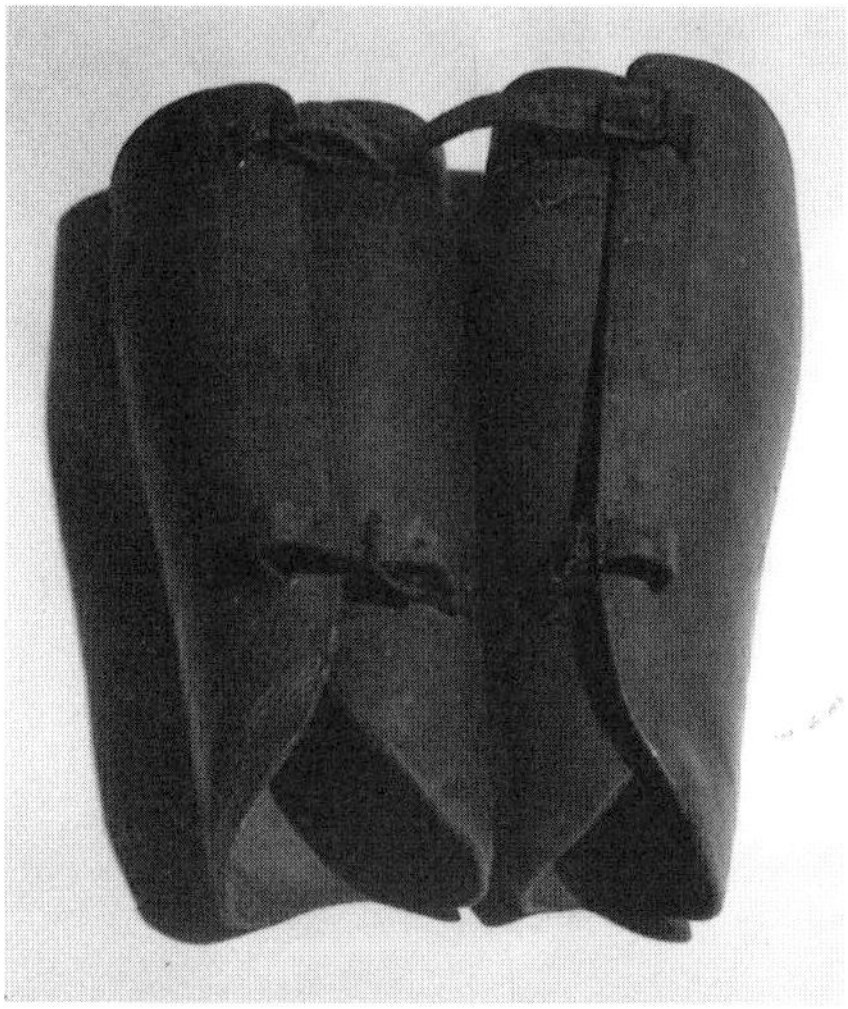

15　皮脚絆

16　隊医扱（たいいきゅう）

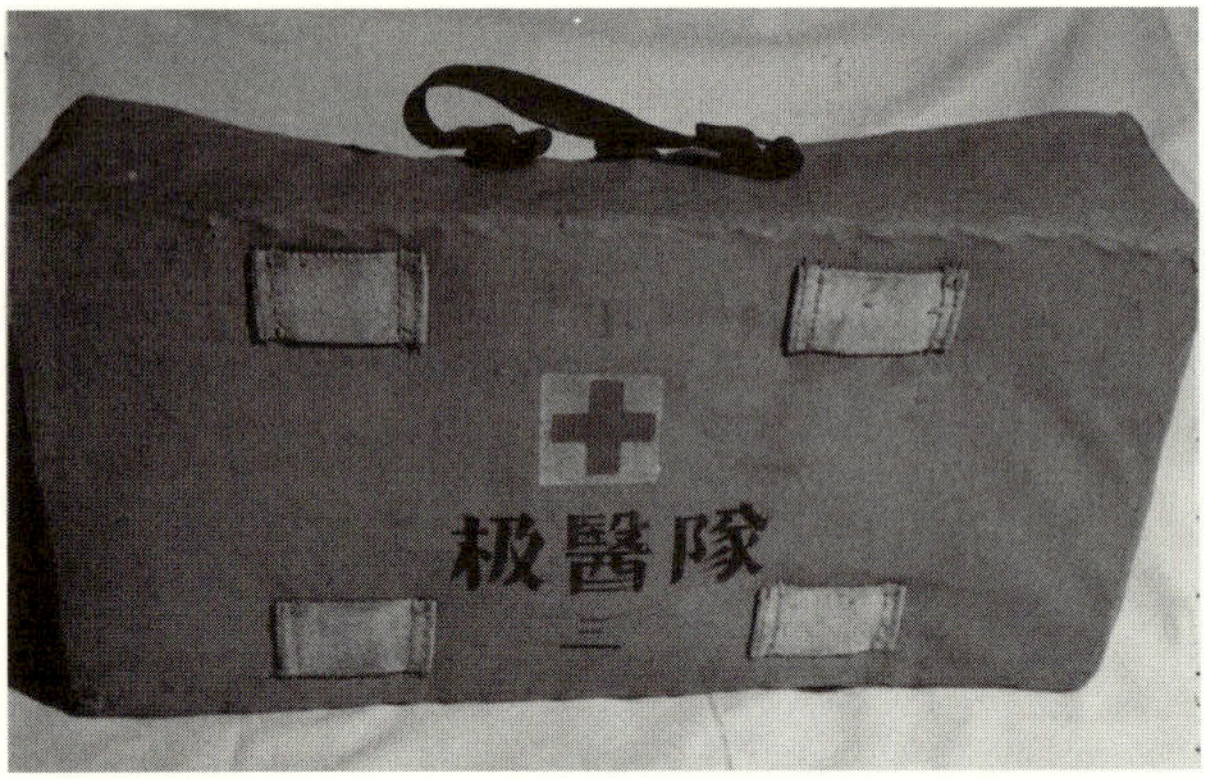

軍医の持ち物。医薬品などを入れた。内容品はフォルマリン、絹糸五号三〇包、六号三〇包、包帯約五〇個、リステル鉗子五個、縫合針五号一〇個、ベアン鉗子一〇個、コッペル鉗子一〇個、長鑷子五個、注射器二〇cc一具、五cc二具　二cc一具、気管鉗子一個、三角巾五〇枚、巻軸帯一号二巻、二号一〇巻、傷票二〇〇枚、外科嚢一具、捻り棒一〇本等

17 満期の盃（まんきのさかずき）

兵役を終え家庭に帰る兵士が営門前の土産物屋に前もって頼んでいた盃を手にして我が家へ。餞別の金額の多少にかかわらず返礼とする習慣があった。陶器または漆器で三つ重ね。

「退営」「満期除隊」「満州派遣」「凱旋」などと記し、素朴な図柄の記念の品。明治以来支那事変、一九三七（昭和一二）年の頃まで続いた。

18 防毒面（ぼうどくめん）

ガスマスク。兵営で寝台の枕元の手の届くところに置く。行軍中も肩からかける。一九四一（昭和十六）年昭和化工製。

軍隊では被甲（ひこう）とよび陣営具扱い。銃剣術の防具、木銃などと同じところに格納した。

19　防寒外套（ぼうかんがいとう）

満州、北支、北海島、千島、樺太などの極寒地で使用。一九四三（昭和十八）年広島被服支廠製（右）中央に見えるのは大手套（だいてとう）毛手袋の上に使用。

羊、ウサギなどの毛が使われている。一九一八年シベリア出兵時頃から使用。一九四四年には家庭の犬、猫などペットも供出させられた。

一九四四（昭和十九）年五月二十七日付「北海道新聞」の三面に「犬、猫の皮も軍用に買上げ　犬は十円、猫は五円の公定価」の記事が掲載されている。内容は左記の通り。

二十六日道全議事堂で開かれた北海道地方行政協議会に、在室蘭海軍主席監督官から「犬猫毛皮買上げの件」が提案されたが、犬の毛とともに猫の毛も航空要員の防寒着にしようと、この協議会に華々しくとりあげられたもので、その集荷の方法や製皮関係も考えて犬猫皮回収策を決定した。

集荷方法としては、市町村長が管内の畜犬、畜猫の率先供出を求めるほか、野良犬や野良猫までもかり集めて、剥皮し、それを興農公社の各皮革工場でなめして立派な製皮として軍に納入することになっているが、興農公社では剥皮のままの猫の皮一匹

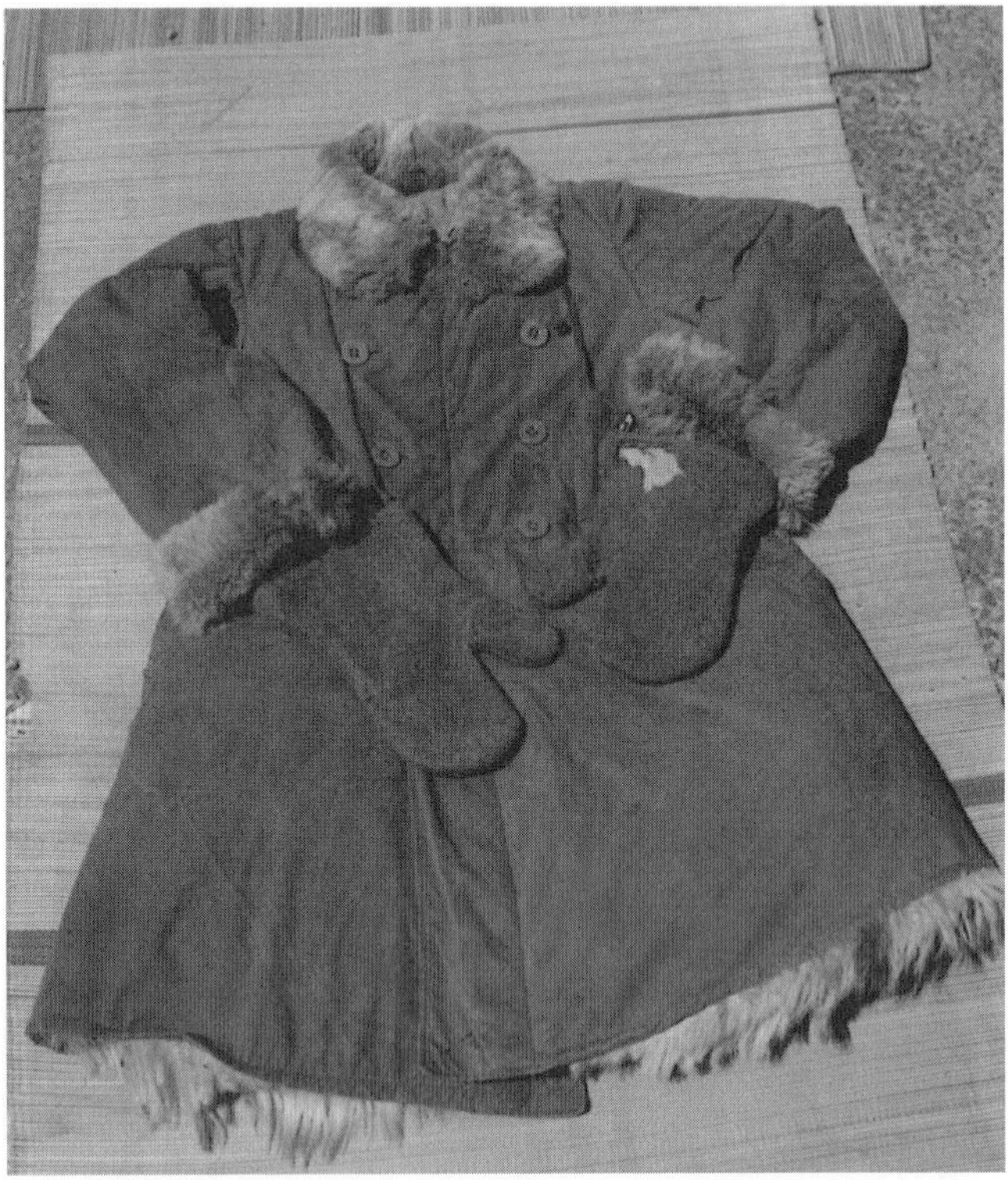

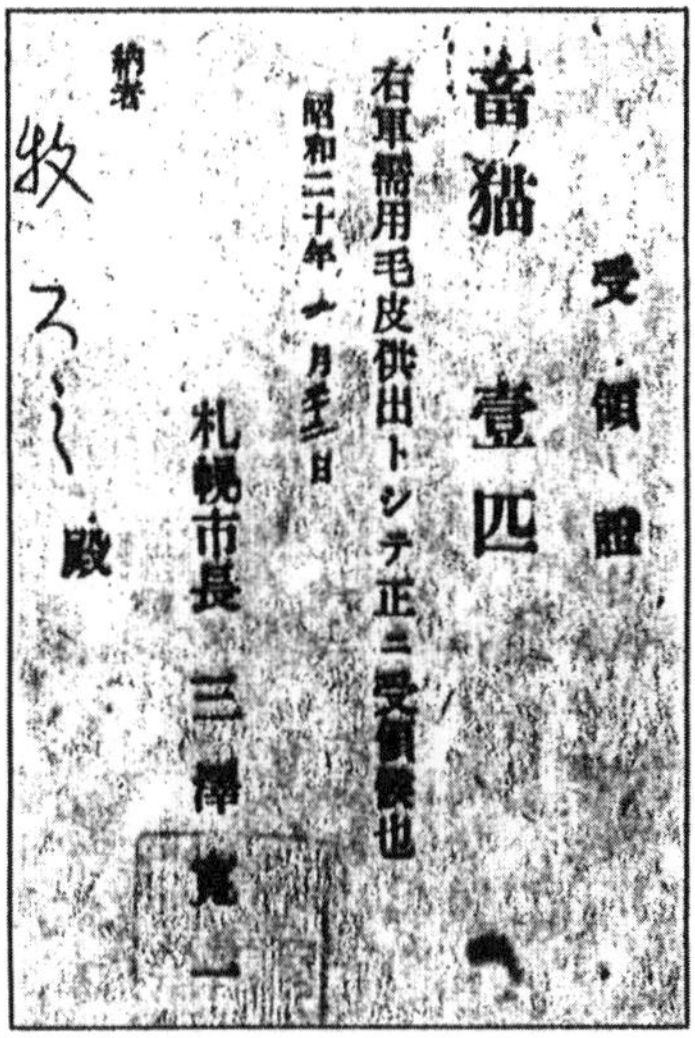

受領證

畜猫　壹匹

右軍需用毛皮供出トシテ正ニ受領候也

昭和二十年　月　日

札幌市長　三澤寛一

納者

牧　殿

犬だけでなく猫も供出させられた。成犬1円、子犬50銭のこともあった（東京都S19・12・28）

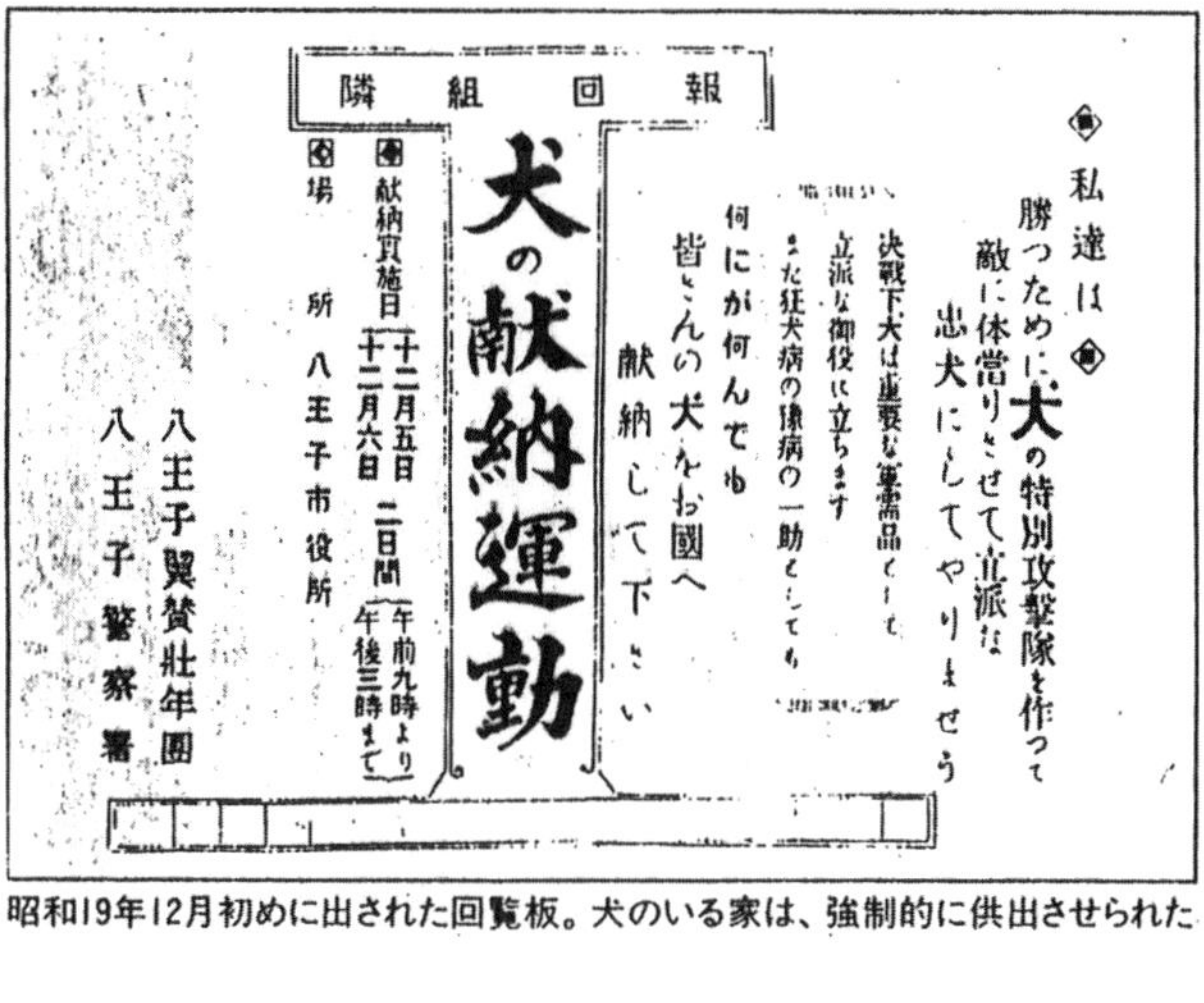

隣組回報

犬の献納運動

◆私達は◆

勝つために犬の特別攻撃隊を作つて

敵に体當りさせて立派な

忠犬にしてやりませう

決戦下犬は重要な軍需品として

立派な御役に立ちます

また狂犬病の撲滅の一助としても

何にが何んでも

皆さんの犬をお國へ

献納して下さい

日　献納實施日　十二月五日　十二月六日　二日間（午前九時より午後三時まで）

場　場所　八王子市役所

八王子翼賛壮年團

八王子警察署

昭和19年12月初めに出された回覧板。犬のいる家は、強制的に供出させられた五円、犬の皮はその皮質や大小に応じて十円前後で買い上げる。剥皮されたものは、なめし料とか生皮のときに使う防腐用の薬代などを含んだ値段が軍納価格となっているが、これによって犬猫の皮にも公定価格が付されたわけだ。それはともかく、この犬猫毛皮の軍用実材化は、軍用兎皮の不足を補う海軍当局の非常手段である。

犬猫もただならぬといわれた不仲も、戦争必勝のため見事に解消し、空の武具として仲良く出陣することになったもの。なお、屠殺の時期は冬が一番であって、すでに時期遅れの感があるが、全道的に約二万頭の犬猫が動員される予定であり、今冬のいわゆる屠殺時期には道民の協力で、相当数の供出が期待されているが、当局は、犬猫の献納運動も進める方針である。

（札幌市教育委員会生涯学習部文化資料室新札幌市史編集室編集員　西田秀子氏提供）

20　認識票（にんしきひょう）

軍人が戦死した時、顔が傷ついたり、被服が破損したりして身元がわからなくなることがあるので、各人に持たせる身分表示の鑑札である。

円形の真ちゅう板。

縦四・五センチ　横三・三センチ

厚さ〇・五ミリ　重さ九・五グラム

写真のものに歩二四、中六、番四七の刻印がある。すなわち歩兵第二十四連隊第六中隊第四十七番の兵ということである。名簿と照合すると階級、氏名がわかる仕組みである。将校のものは氏名もある。戦地でも応急派兵、緊急出動の時渡される。手にしてヒヤリと冷たい感触はまさに死の予告。兵隊たちは「地獄行き鑑札」とか「靖国神社入場券」などと呼んでいた。

昔教科書にも載っていたが日露戦争の旅順閉鎖での広瀬中佐の例もある。

中佐は乗員を端舟に移乗せしめ、杉野兵曹長の見当たらざるため、自ら三度船内を捜索したるも、船体次第に沈没、海水甲板に達せるを以て止むを得ず端舟に下り本船を離れ敵弾の中を退却せる際、一巨弾中佐の頭部を撃ち、中佐の体を一片の肉塊船内に残して海中に墜落したるものなり。中佐は平時に於いても常に軍人の亀鑑たるのみならず、其最後に於いても万世不滅の好鑑を残せるものと謂ふべし（第二回旅順閉鎖公報　東郷聯合艦隊司令長官報告）

認識票は遺骨収集奉仕などでも見つかることがある。ところが敗戦時に部隊で照合簿を焼いてしまっているので折角出てきたのに確認できない。

兄の認識票

間宮　春生

一九七四（昭和四十九）年十一月二十日から一か月間政府派遣フィリピン戦没者遺骨収集団の一員として兄（歩兵第五十七連隊副官、大尉）の戦死したレイテ島の遺骨収集に参加。

日程前半は第一師団が米軍と遭遇以来約五十日間、一万余の犠牲を払って抵抗確保したリモン峠の遺骨収集に当たった。密林のうす暗い山の斜面にいくつものタコツボ（個人防空壕）が残されている。汗と涙をぬぐいながら掘り返した。

こうした作業を続け生涯忘れることのできない十一月二十七日となった。作業を終えリモン峠南の道路上に降りて来た時、現地農民が一枚の認識票を持って来ていた。赤錆ているが真鍮の認識票。そしてそれにはありありと兄の名が彫られているではないか。満州時代の兄が刀帯につけていたもので私も見覚えがある。まぎれもなく兄の認識票であった。聞いてみると二年前に拾ったものであるという。

兄の霊魂が私をレイテに呼び寄せたのではなかろうかと思う。十月二十日、比島戦線一万六千八百二十六柱の遺骨と共に兄の認識票も日本に帰った。

（毎日新聞社『一億人の昭和史』）

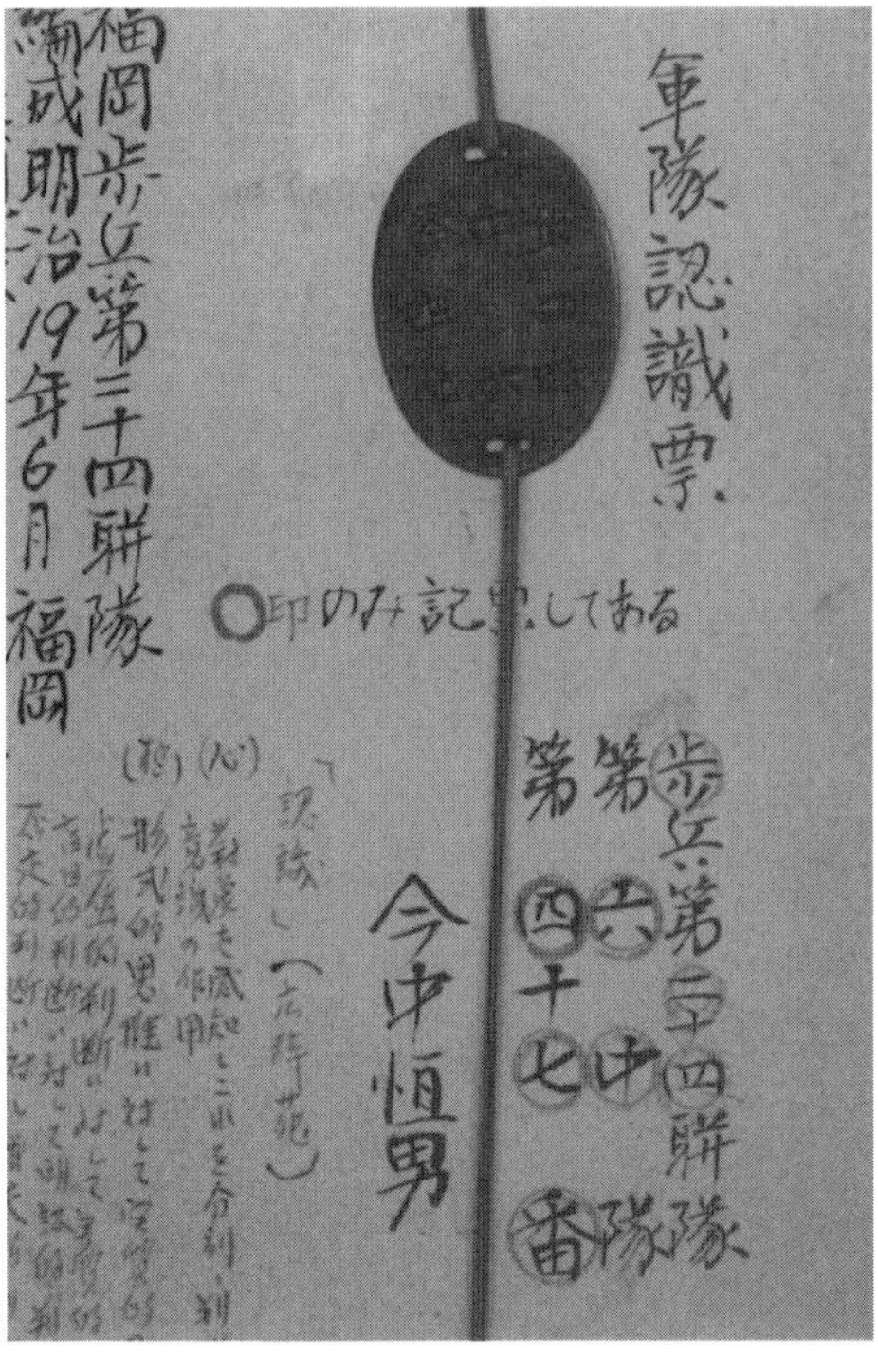

21 動員実務業務書（どういんじつむぎょうむしょ）

秘・町役場兵事主任用
福岡県嘉穂郡二瀬町旧蔵
久留米師団司令部で作成、管下各町村役場に配布していたもの

動員実務業務書（どういんじつむぎょうむしょ）
宿直員動員実施業務書（しゅくちょくいんどういんじっしぎょうむしょ）
久留米師団司令部で作成、管下各町村役場に配布していたもの

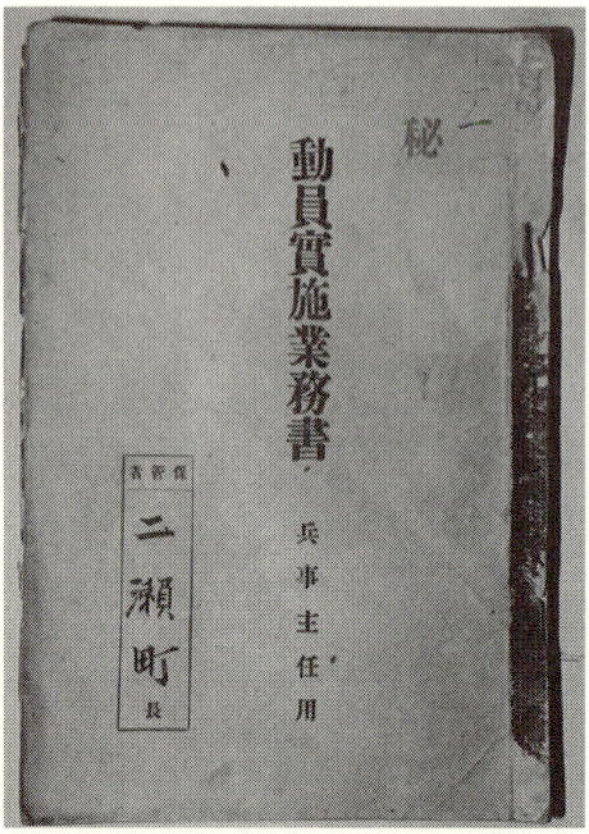

22　現役兵籤のがれ券二枚

徴兵検査合格者の中から抽選で入営を免除する。その該当者を籤で決める。若者が根こそぎ徴兵されるのを避けた処置。

名札と番号札とを張り合わせ連隊区徴兵署の契印がある。

岡松さんの例で四月十九日検査、同月二十日抽籤。

23 軍隊手帳（ぐんたいてちょう）

ポケットサイズで手帳式の陸軍下士官兵の身分証明書であり、また経歴書でもある。最初の入隊以来、すべての兵役が終わるまで持ち続け、再役、再々役の時も常に携帯して記録がつづられる。

建軍以来、その体裁は何度か変化しているが、最新のデザインは、まず巻頭に朱で印刷された「軍人勅諭」があり、続いて所持者本人の氏名、生年月日、本籍、所管、兵科から服のサイズなどが書き入れてある。

このあとの余白には、中隊人事係の手によって入隊から除隊までの異動、昇進、賞罰、戦闘歴が書き込まれ、一目でその兵士の経歴がわかるようになっている。いわば個人的な匂いのする官給品だが、敵側にとっては貴重な情報源であり、戦死体から記念品として持ち帰ったアメリカ兵も多い。

（1997年『日本陸海軍事典』）

敗戦によって破棄、焼失を免れた兵籍、履歴書等は陸軍については各都道府県に、海軍については厚労省援護局に保管され、恩給、遺族援護の参考になっている。

24　海軍ポスター

海軍飛行兵（右）
海軍志願兵（左）
徴募のポスター、勇敢な様子を描き少年の心を海軍にと向けた。

グラビア

グラビア

25　傷痍軍人手牒（しょういぐんじんてちょう）

傷痍軍人であることを証明する手牒。
勅諭写、傷痍軍人五訓などを掲げる。
甲種項第二八二八三号
陸軍一等兵　福成　佑一
大正七年四月二十日生
右傷痍軍人タルコトヲ証ス
昭和十九年六月十二日陸軍省

26 奉公袋（ほうこうぶくろ）

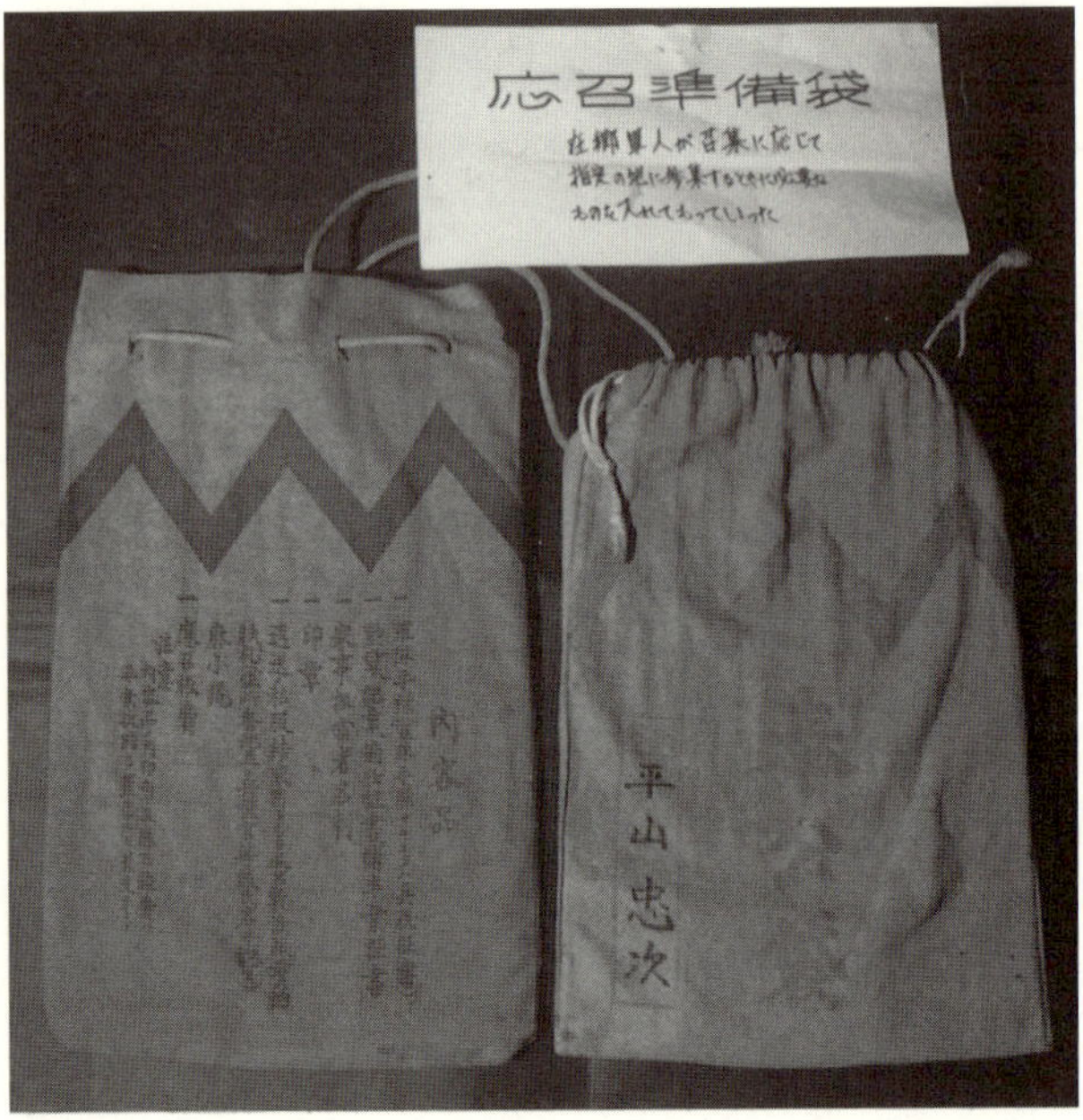

大正頃から在郷軍人の間で使われるようになった木綿製緑色の手さげ袋。縦四十センチ、横二十センチばかりの口をひもで締め、ぶら下げられる私物で、表面に「奉公袋」という文字と氏名が書いてある。在郷軍人がいざ召集された時にあわてないように準備した袋で、内容は軍隊手帳（補充兵は補充兵証書）下士官適任証、勲章や従軍記章、貯金通帳、印鑑など。

ほかに入隊した後で、軍服に着替えて、それまでの衣類を送り返すための油紙、ひも、住所を記した木札などの梱包用具が入っている。召集された時は、召集令状の入った奉公袋を手に友人知人の寄せ書きの入った日の丸旗を肩からかけた姿で入隊していった。

（一九九七年刊『日本陸海軍事典』）

国民皆兵時代の生活必需品、農家の居間で主人の座る後ろ柱の釘にこの袋が下げられていた。

27 慰問袋とその中身（いもんぶくろとそのなかみ）

扇子、将棋盤と駒、裁縫道具などが残っている。食料品などは入ってない。右側が袋。デパートなどで売っていた。初めはだれに届くかわからない。礼状を出して文通が始まり結婚した例もある。

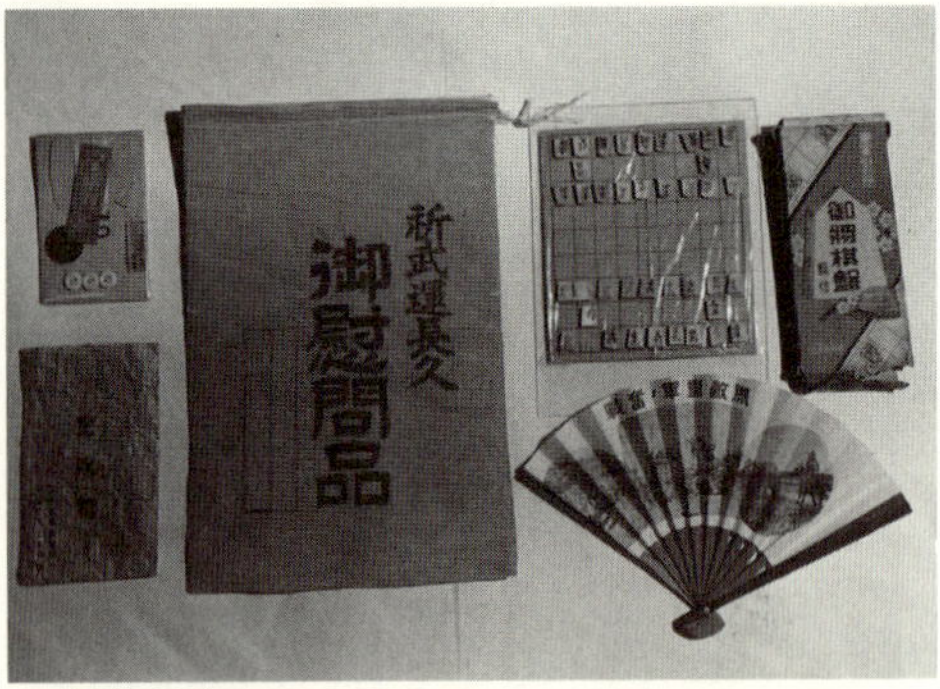

1点グラビア

28 軍人砲弾除けのお守り

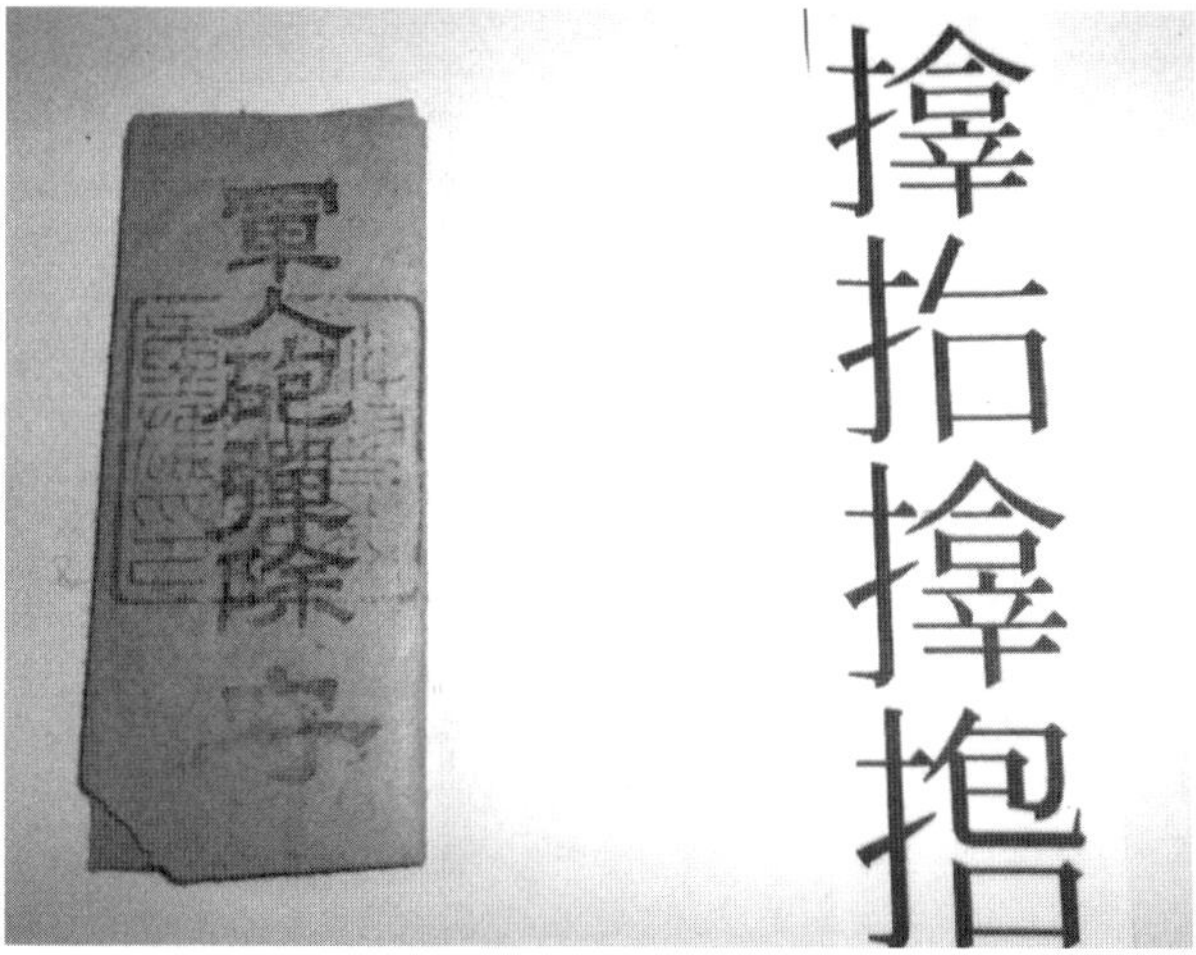

戦地に赴く兵士が身に着けた弾除けのお守り。中に「サムハラ」と書かれた紙片が入っている。この不思議な言葉には「強いパワーがある」とされている。この漢字が書かれたお札は勝負運をアップさせ、無病息災を招くとして、一説では「最強のお守り」などとも言われている。

先の大戦で戦死した日本軍将兵二百四十万三千人、日本各地の空襲で尊い命を奪われた人々は一説に五十万人とも言われている。

「サムハラ」この哀しきお守りはどこまで兵士・庶民を守れたのだろうか。

29　突撃一番

衛星サック

一九三七（昭和十二）年来、支那事変出征より、一九四〇（昭和十五）年頃にいたるまで、兵員間で話題となり、又実際に使用されていた衛星サックは、当時、名の通った商品、例えば「ハート美人」のような物であった。

ところが昭和十六年の太平洋戦争開始を前にした企業統制、軍需用品指定などのからくりの中に、サックのメーカー「国際ゴムより軍需品として野戦貨物廠、各師団、各連隊、大隊→中隊→各兵員と、流通する一つの品物が出来上がった。

その名は、「突撃一番」である。

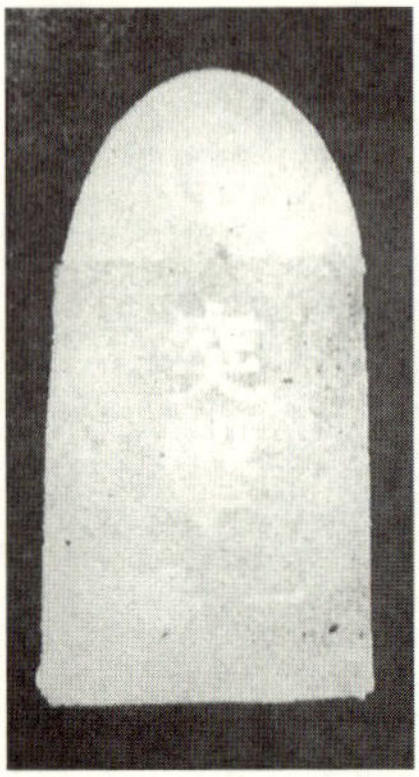

（写真資料・麻生徹男氏蔵・説明も麻生氏）

「軍医官の戦場報告意見集」高崎隆治編・解説

十五年戦争重要文献シリーズ第一集

不二出版

30　金鵄勲章（きんしくんしょう）

武功抜群の軍人・軍属に与えられた勲章。一八九〇（明治二十三）年に制定。一九四七（昭和二十二）年の日本国憲法施行にあたって廃止された。金鵄は金色の鵄（とび）で、神武（じんむ）天皇が長髄彦（ながすねひこ）との戦いで苦戦しており、この鳥が弓に止まって敵の目がくらんだ機に、これを滅ぼせたという。

勲章はこの故事にちなみ、忠勇を奨励する趣旨により制定され、功一級から功七級までであった。一八九四（明治二十七）年「金鵄勲章年金令」が制定され、この勲章の階級に応じた終身年金が支給されていたが、一九四〇（昭和十五）年四月二十九日以降に金鵄勲章を与えられた者から、一時賜金国庫が交付されるように改められた。最初の受賞者は有栖川宮熾仁（ありすがわのみやたるひと）親王（功二級）で、第二次世界大戦終了までに九十四万三十二人（内一級四十五人）が受章。これらの年金および、一時賜金国庫は、一九四六（昭和二十二）年以降は無効とされた。

（日本陸海軍事典参照）

31　恩賜品

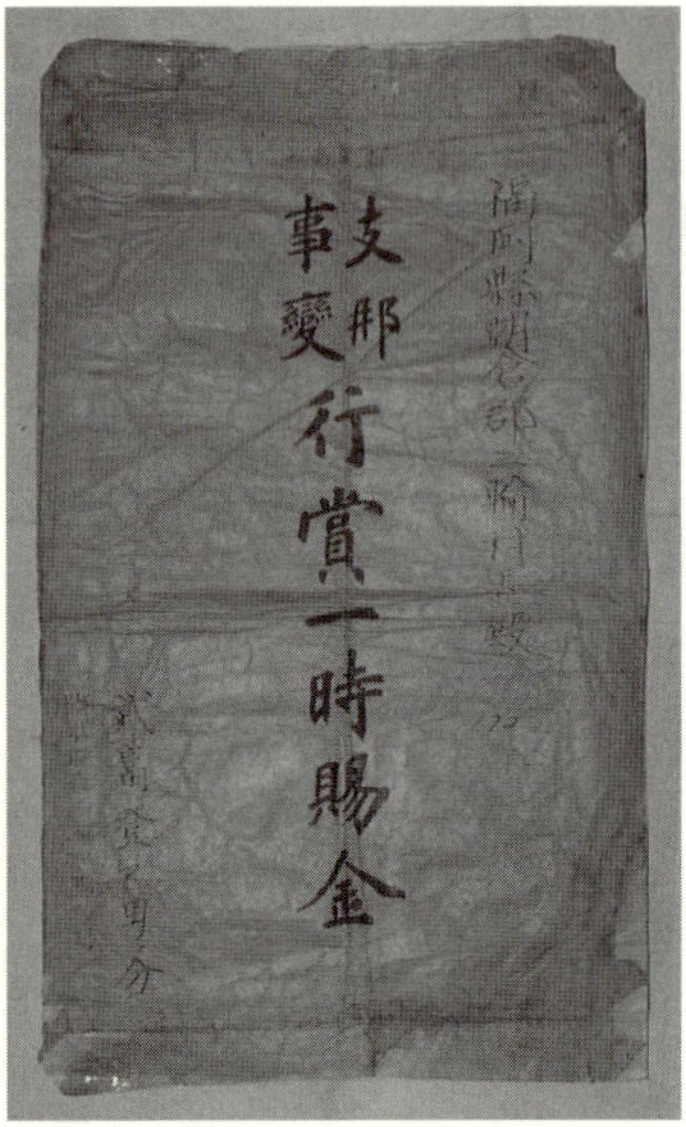

菅公は恩賜の御衣を拝した。兵隊はどうしたであろうか。

入営した日から軍人勅諭で「朕は汝等軍人の大元帥なるぞ」また「朕を頭首と」仰ぐよう教え込まれるが、その姿を直接拝するわけではない。軍旗の由来なりを聞いて天皇の軍隊とわかるが御紋章入り煙草を自分で手にして初めて「確かにそうだ」と実感が湧いてくる。

恩賜とも書くし音は同じだが箱には「御賜」とある。一本一本に金色十六弁菊花が印刷されている上質煙草。侍従武官が第一線に派遣されたり、部隊長が感状受領者として拝謁仰せつけられたりした際に支給。外征軍には年一箱と聞いていたが、父は九年間従軍、三回の経験をした。

戦地からは通常は葉書しか出せないが恩賜品だけは別で特例として御賜煙草は小包便

で送ることができた。一九四三（昭和十八）年十二月五日、ビルマの防空擔当の第五飛行師団はカルカッタ攻撃に成功。兵力は重爆撃機十八、戦闘機七十四、司偵二、海軍陸攻九、零戦二十七、計百三十機が参加。敵の反撃が活発になっていた時だけにカルカッタ港湾労働者に大きな恐慌を起こしたとの情報もあり極東英軍の心胆を寒からしめた。レグー基地に帰還すると飛行師団司令部から酒二本が届いていた。熨斗紙に「森部隊長殿「カ」港攻撃成功祝、田副部隊長」とあり、これが御賜の酒であった。

南方で活躍した飛行師団は多いが南方総軍司令官伯爵寺内寿一大将から一九四五（昭和二十）年一月一日に感状を授与されたのは第五飛行師団だけである。感状は敗戦時に所在不明となり一九七二（昭和四十七）年刊の防衛研修所公刊戦史にも記載されていない。

酒は一・八リットル入りの普通の瓶入り。レッテルに「御賜」とある。飯盒の蓋などに注ぎ戦闘指揮所で皆で乾杯をする。

勲章には賜金がつく。日露戦争後の一九〇六（明治三十九）年四月一日、曾祖父市八の叙勲勲記添付書には「這回の賜金は日露戦役に於ける勲功を表彰するものなるが故に一家無上の名誉なるは勿論、永遠に之が保存の途を講ずるは当に戦功の記念たるのみならず実に恩賜の御趣旨に副えうるものというべし。以下略」

父は従軍中の一九四〇（昭和十五）年四月二十九日、勲八瑞宝章を授与された。紀元二千六百年の国家的祭典で特別なものだが賜金国庫債券九拾円が祖父宛に渡されている。「支那事変一時賜金」と大型封筒にあり、裏に「事変に功績のあった者に対し其の功績を永く讃える為に下賜せられたる光栄ある国債である。その功績を永くに象徴しているものであるから是非是を償還迄所有せらるると共に償還後に於いても本券は永く記念として保存せられたい」封筒は「福岡県朝倉郡三輪村長殿」とあり、差出人は「陸軍東京経理部賜り金科」で「武富登巳男分」と「172」の記入がある。数字は郡内での該当者の整理番号であろうか。国債は無記名が原則だが恩賞だけには記名されるので父の名が印刷してあり債券の意匠も優美である。利札を見ると一回三円二十八銭、二十年まで五回分を祖父は受け取り後はそのまま残っている。戦後のインフレで価値が下落したこともあるが、敗戦後の祖父の心境の変化が原因と思われる。

他にも支那事変と大東亜戦争割引国庫債券、割増金付戦時貯蓄債券、戦時報国債券、戦時郵便切手など約五十枚が同封してあった。一人息子の父は出征しているし祖父は他の家の割当分まで引き受け戦争遂行に協力したのである。それだけに敗戦で失望感が大きく、落胆したことがわかる。国債は国の信用で設定する金銭上の債務。国の借金である。いずれも今となってはただ空しいのみ。

32　戦場の舞姫

一九三九（昭和十四）年六月十六日、満州牡丹江省東寧県城子溝・久留米歩兵第四十八連隊第二大隊において、皇軍慰問団の洋舞が催される。石井獏舞踏団の美女一行。

写真に「三含口憲兵隊検閲済14・6・16.」の検印。

国境守備の第一線、山奥の陣地生活で満人の女性さえ半年くらい見ることは出来ぬ。兵隊は大喜び。わくわくしてニンマリしていたが半裸の大胆なポーズに思わずゴクリと生唾を飲み込む。

33 軍人勅諭（ぐんじんちょくゆ）

一八八二（明治十五）年一月五日に明治天皇が陸海軍人に対して下賜された軍人精神涵養のための訓告。

他の勅諭は太政大臣の起案によるものに対して、天皇が大元帥として、直接、陸海軍郷に親授した。「我国の軍隊は世々天皇の統率し給ふ所にぞある」の語で始まり、天皇親率の趣旨が強調されるとともに、軍人の政治不干与を強調し、かつ、その守るべき徳目として、忠節、礼儀、武勇、信義、質素の五つを挙げ、誠でこれを締めくくっている。この勅諭により、自由民権運動が軍隊内に波及することを抑制する狙いがあったとされるが、その後、この勅諭の趣旨は軍隊内に浸透し、徹底され、軍隊での精神教育の根源として、日夜この勅諭を奉誦することとされ、軍人精神の支柱として育って行った。

（日本陸海軍事典参照）

34 予科練試験問題

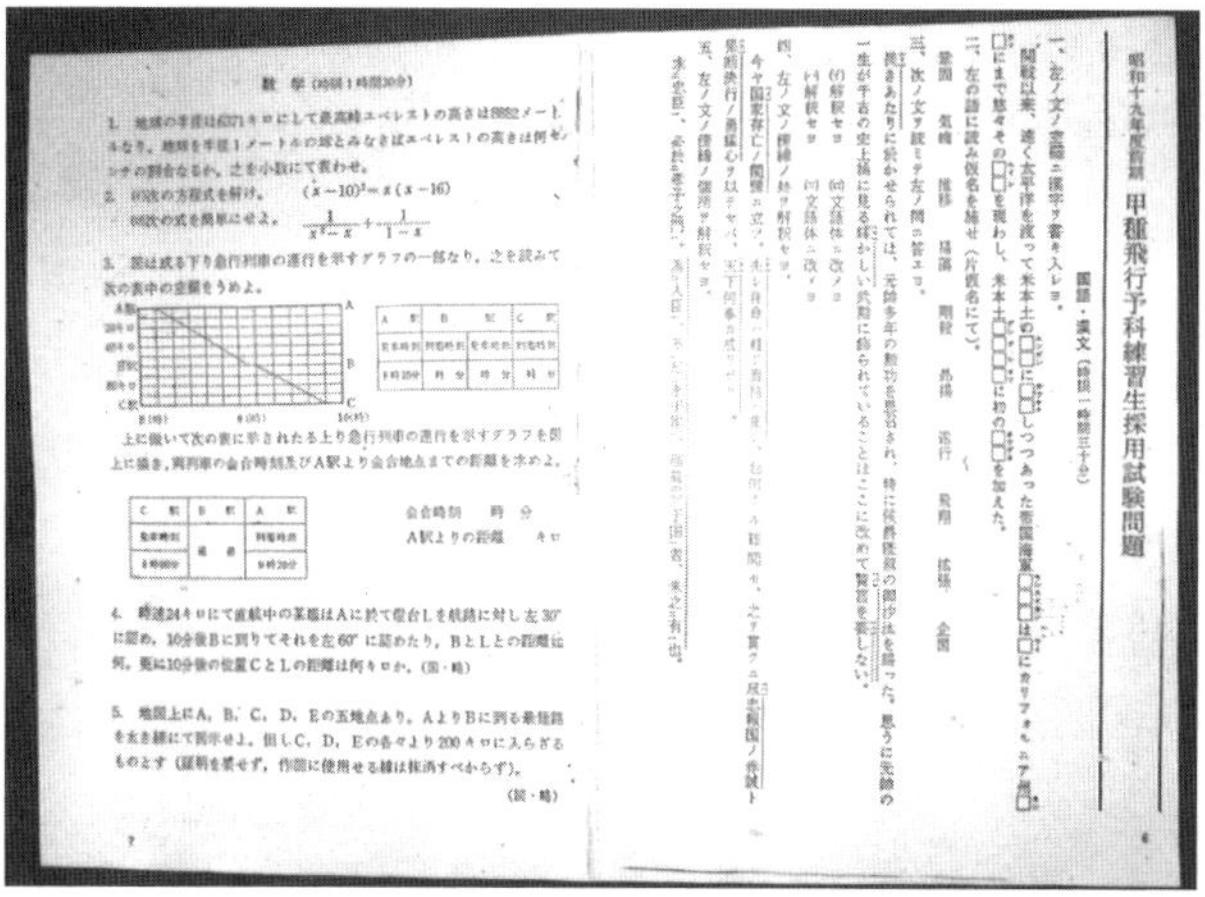

予科練とは海軍飛行予科練習生の略称で、海軍兵学校出身士官搭乗員の配置に代わって就きうる能力を持つ飛行科准士官、特務士官を養成するのが目的であった。

一九三〇（昭和五）年六月、第一期生を採用したが、高等小学校卒業程度（現学制の中学校二年終了に相当）の学力を有する健康で優秀な少年から選抜した。

一九四四年の試験問題で国語・漢文の問題は、まさに軍国主義一色の感がある。

35　支那事変従軍記章之証

一九四〇（昭和一五）年四月二十九日従軍将兵に授与された。明治以来、各戦役ごとに従軍記章があるが、これが最後。大東亜戦争は従軍記章はなし。

36　伝単（でんたん）

伝単（中国音chuantan）宣伝ビラ（広辞苑）

支那事変で大小五十一回の会戦があった。

南京攻略戦の参加兵力七個師団二旅団、最大は参加兵力十二個師団の武漢攻略、これに次ぐのが中原会戦で十一個師団四旅団、この会戦は昭和十六年五月から六月にかけての包囲作戦で中国側戦死者四・二万、捕虜三・五万で「事変中、稀に見る戦果」（公

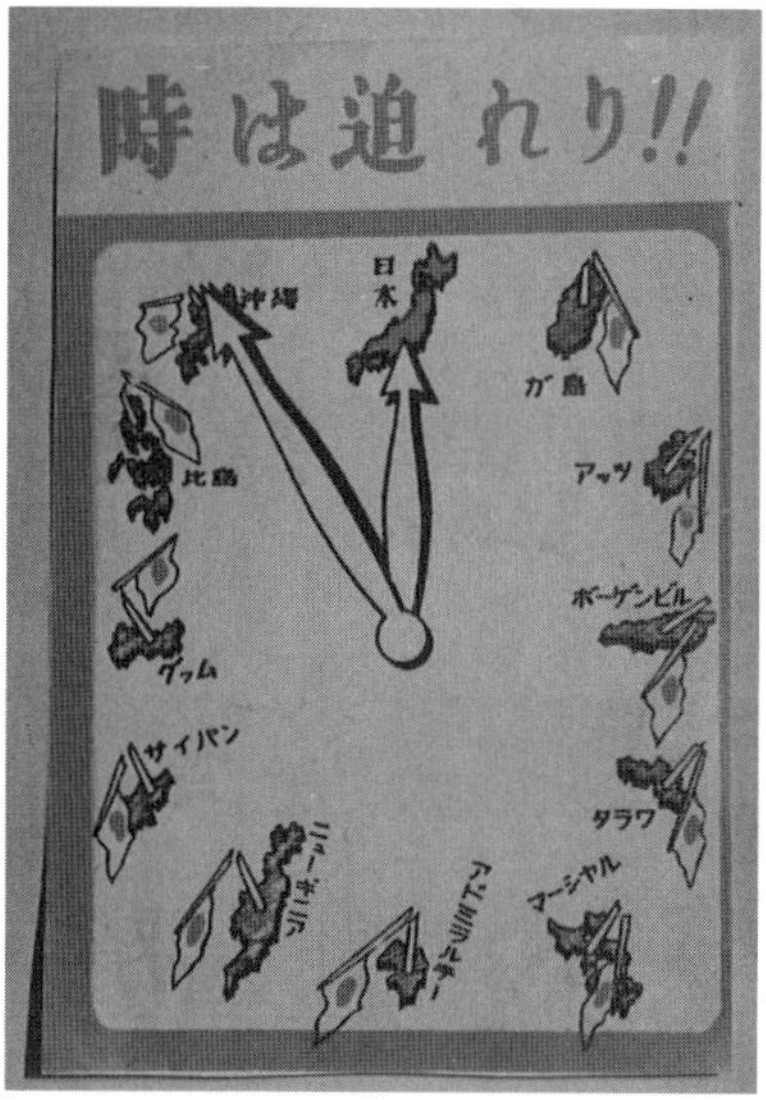

昭和16年投降勧告伝単

判戦史）をあげたが伝単はこの作戦でまかれた。
蔣介石系中央軍の治安攪乱基地中条山系の拠点は撃破され壊滅的打撃を受け、根拠地を失う。共産軍はすぐ勢力を当該地域に侵入させ蔣介石軍に代わって根拠地を確立。そして北支の遊撃戦は共産軍の独占するところとなった。すなわち日本軍は共産軍のため国府軍を追い払ってやった形だ。「北支抗日の元凶」たる国府軍司令官が衛立煌将軍。のちに雲南戦線で日本軍と再び戦うことになる。
作家伊藤桂一氏は筆者の父と同年の十三年兵、騎兵第第四十一聯隊で中原会戦に参加。その思い出を語っている。
「めずらしい伝単をありがたく存じました。中原会戦のとき、私の部隊はあまり敵とぶつかりませんでしたが、実に多数の捕虜がいるのに驚いた記憶があります。この一枚の伝単からも様々の当時のことが思い起こされます」
八四飛大作命第三号
第八十四飛行場大隊命令四月二十二日
二〇時　海林
一、大命ニヨリ飛行第八十三戦隊ハ北支那ニ
派遣セラレ支那派遣軍総司令官ノ指揮下ニ入ラシメラル

二、大隊ハ飛行第八十三戦隊ノ支那派遣ニ関シ所要ノ援助ヲ実施セントス
　　同　　　五月二十日十六時
　飛行第八十三戦隊ハ北支那派遣中ノトコロ五月二十日国境線通過、二十一日帰還
　ノ予定ナリ

　当時、父が在隊していた八十四飛行大作戦命令である。四月二十三日から五月十九日の間に飛行第八十一戦隊が機上から散布したわけである。同戦隊は軍偵、直協で同年三月海林で編成。そして五月北支から帰還し七月に軍令により第八十三独立飛行隊、独立飛行第八十三中隊、独立飛行第八十九中隊に改編された。シンガポール攻略ではブキテマの敵に対し、降伏勧告文を機上から投下したりしている。

ノモンハン、中国、南方各戦線で彼我互いに伝単を使用した。謀略戦なので証拠を残すことはできない。敵側の伝単で焼却を命ぜられたものを内地へ送ったことがわかったら軍法違反で処分されるのは明らか。日本軍の出した伝単さえ所持は禁じられていた。厭戦、反軍思想者と見るのである。

　ビルマ作戦で自身伝単作成の体験もある直木賞作家藤井重夫氏はこの伝単について「日本軍の伝単はいかにもお粗末ですね。この日華両文はひとつのひな型があって、どこの戦線でも同じものを使ったようです（絵の幼稚拙劣なことよ）。その点敵サンの

ものは紙質からして上等で印刷もキレイでした。米国籍で日本人二世が文案を作ったと思われ、舌足らずで誤字が目につきました」

一九三七年八月事変直後に第二次国共合作ができたが、実際は日本軍、中央軍、共産軍と三つ巴の戦争が広漠たる大陸で繰り広げられていた。日本軍は事変中「戦病者を加えるとじつに百十五万という大犠牲」（伊藤正徳『帝国陸軍の最後』）をはらい、かつ八十万の日本軍は点と線、都市、鉄道などを占領しているのがやっとで暖簾に腕押しが実情であった。

父は一九三八（昭和十三）年十二月十日現役兵として久留米歩兵第四十八聯隊留守隊に入営。同月十三日出征。満ソ国境東寧着、同地警備、十四、十五年と二か年たち、事変は拡大一途。満期除隊は望めぬため航空隊に転科。一九四一（昭和十六）年八月陸軍飛行学校入校のため海林八十四飛行大隊で待機。

三年兵の居候で何もすることがない。進んで事務室の手伝いをする。伝単撒布を知り八十三戦隊操縦士に「一枚でよい」と頼み入手した。七月末に水戸陸軍飛行学校入校のため帰国の際、憲兵の検閲を免れて持ち帰った。

伝単の寸法、縦九センチ二ミリ、横六センチ八ミリ、表面地色赤で人物、文字は黒色。裏面は通行優待証、「告中央軍将士兵書！」と呼びかけ最後に「日軍決不殺戮回心者」と結び民国三十年五月　大日本軍とある。また日本軍側あてに「本票持参ノ中国将兵ハ絶対二危害ヲ加フルコトヲセズ親切二取扱ヒ本部二連行優遇保護スベシ」と注意している。要は戦意喪失、投降させればよいのである。

もう一枚は米軍のものである。

一九四五（昭和二十）年七月、米軍機が筑豊に飛来。嘉穂郡稲築町三井山野鉱に撒いたものだが、沖縄戦も終わり、日本の敗戦が時間の問題と予告している。「時は迫れり」と訴え時計にかたどり一時間がガダルカナル島、二時がアッツ島と戦争の経過で遂次日本が負けていくありさまを示し、十一時が沖縄、正午が日本とし敗戦寸前としているが、事実であるし説得力はあったとビラを拾った人は証言していた。

37 軍票（ぐんぴょう）

戦争で軍隊が使う軍用通貨のこと。日本が最初に日清戦争で使い始めた時の名が「軍用手票」、これを略して軍票と呼ぶようになった。昔の戦争では敵地に侵攻した軍隊の物資や食料の収集は、金銀貨などや現地通貨による決済、もしくは徴発、掠奪などの荒々しい手段で集められたが、十九世紀のナポレオン戦争頃から秩序正しく戦争を遂行しようという意思が表れ始め、フランスに上陸したウェリントン将軍のイギリス軍などが使い始めた。

今では対外戦争に出かける軍隊は現地通貨単位の軍票を作って準備している。

38 賜金国庫債券（しきんこっこさいけん）

国債は無記名が原則だがこの賜金国庫債券には記名がある。勲章につく賜金である。一九四〇（昭和一五）年紀元二千六百年祝典の際、出征中満ソ国境、東寧陣地で武富登巳男が受領。債権は国から役場を通じて留守宅へ。一九四四年（昭和十九）年まで祖父が受け取り以後は放棄。

39　戦陣訓（せんじんくん）

支那事変が長期戦となり従軍兵士の非違犯が多くなったので、改めるため一九四一（昭和十六）年一月八日、陸軍大臣東條英機名で示達された。抽象的美文だが難解、空疎。軍人勅諭があるのに屋上、屋を架すとの評もあり不評だった。

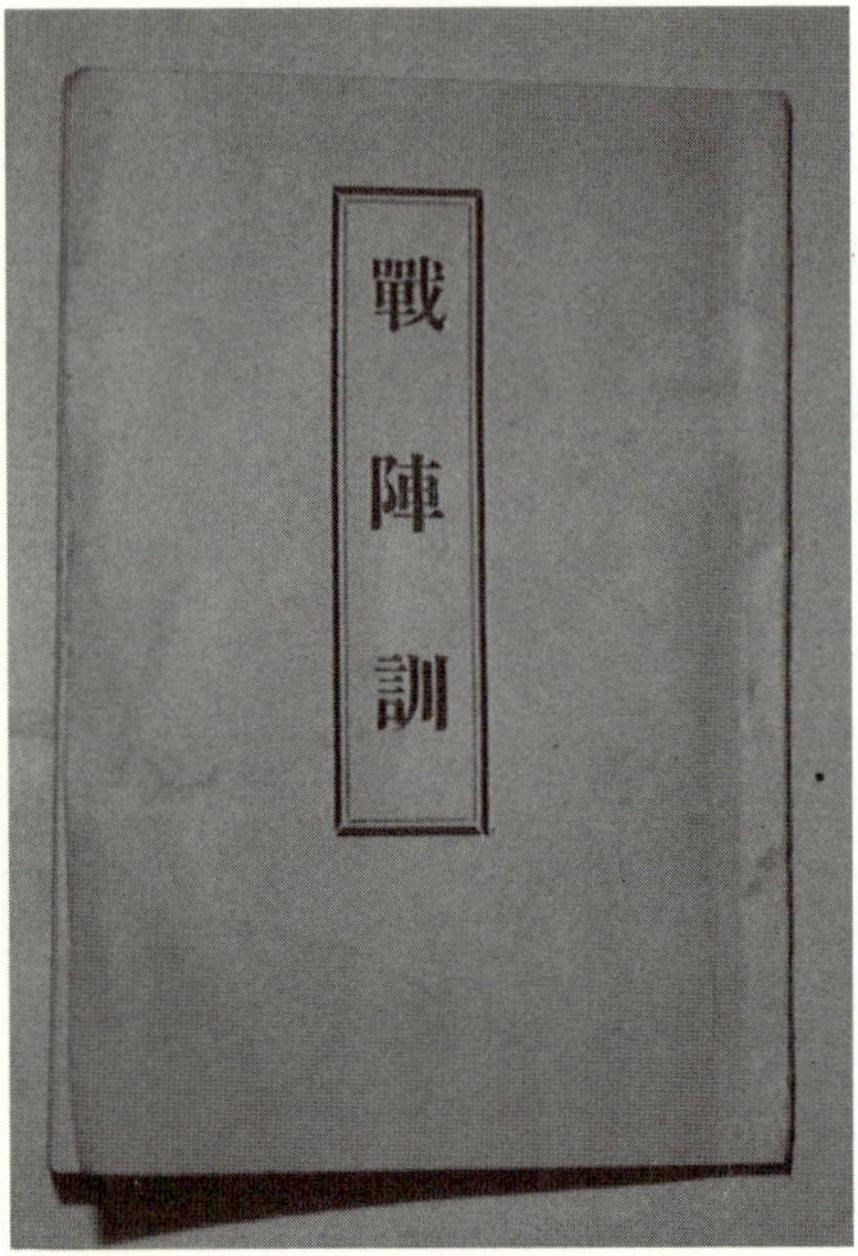

40　写真「兵士の見た戦場」

日中戦争に従軍し、陣中でレンズを通して戦闘、警備、休憩、上官、戦友などの様子を撮った記録写真。まだカメラが普及していなかった七十九年前、制約の多い軍隊で、しかも実戦の間に撮影された稀有かつ貴重な写真である。

一連の写真に撮影した林才治氏の温かい眼差しと誠実な人間味を感じる。

一九四〇（昭和十五）年当時、万年筆、時計など軍隊では貴重品でカメラを持った兵隊は希少例。行軍、戦闘、休憩など全く演出なしでありのままなのがよい。捕虜を殺すなどということがあったが、そこにはカメラを向けてない。新四軍の捕虜の写真は撮影のため縄をほどいている。手首などにまだ残っているものもあるが……。

汪兆銘軍の写真もまとまって撮影されている。兵隊も皆二十歳台。陸軍病院看護婦もほぼ同じ年齢。若い者が互いに好きになるのは当然のこと。それをみごとに記録している。悲惨、殺戮、荒涼の戦場だけにホッとするものがある。いずれも撮影月日、被写体の人物のその後などの記入があるのは有難い。この記録性は貴重である。演技性を排してありのまま、きついところはきついように撮影されている。本当の生きた

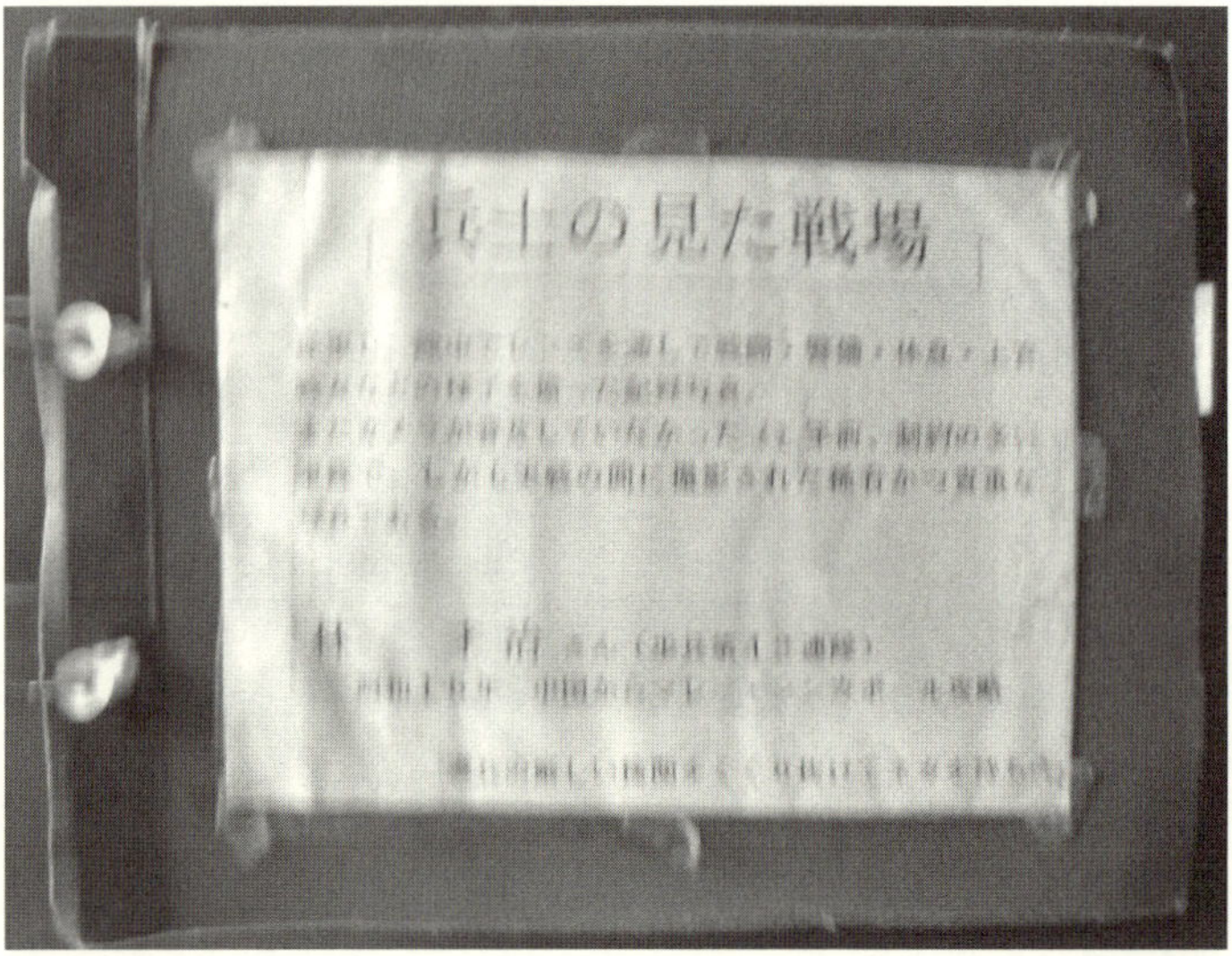

上海内地還送のマラリヤ患者と従軍看護婦1940（昭和15）年

兵隊の姿である。

この部隊は昭和十五年十二月一日、安藤忠雄大佐が坂田大佐に代わり連隊長となった。安藤大佐は東京から「第五師団改編要領及び細則」を携行。十二月七日上海着。改編要領は「対米英開戦となった場合、第五師団はマレー方面の作戦に起用されるので第五師団を上海付近で速やかに機械化部隊に改編する」とある。

歩兵部隊は三万五千に削減、馬匹一万五千頭も全部廃止。自転車化、自動車化、まだ自転車に乗れない者もいたので、分隊長や戦友が特訓をやる。ひとりで乗れるようになると併車訓練へ。自分が乗ってもう一台をともない走る。後のマレー作戦で銀輪部隊として有名になる。

南方作戦に備えて上陸訓練が盛んとなる。呂号演習として昭和十六年三月、戦地から内地の鹿児島へ敵前上陸。さらに唐津まで行動したりした。

諸曁（しょき）付近の戦闘は五月六日、敵に包囲され苦戦中の仙台第二十二師団救援にあたる。目的は果たしたが早川第五中隊は数回の敵の逆襲で中隊の三分の一の十四名を失う。五月二十一日上海へ。

清郷（せいきょう）工作は日本に協力した汪兆銘の政治力を浸透発展させるため。その膝元の揚子江南岸地区へ独立、自主の基盤をという派遣軍の親心で汪兆銘新政権の前途を占うものであった。昭和十六年七月一日に開始された新四軍は民衆を反清郷闘争に巻き込み執拗な抵抗をした。連隊は地区内に潜入し遊動する敵性分子を粛清し、地下組織の撲滅など治安回復と住民への宣撫に努め、地道な活動を続けた。

昭和十六年十月二十二日、清郷作戦を終える。いよいよ南方作戦のための上陸訓練。熱帯地域における長距離の機動作戦を重点に昼夜の猛訓練を反復実施。十一月六日、南方作戦部隊戦闘序列が発令され、第二十五軍（山本奉文中将）に編入。第十八師団、近衛師団とともにマレー侵攻に起用された。他の師団よりも約七千人多いし主力である。猛特訓を生かす時が来たのだ。十一月十八日上海出発。大陸に別れを告げて目的地海南島の三亜港へと南下した。ほぼこの一年間の記録である。

撮影者の林才治氏は歩兵第四十二連隊に所属。一九四〇（昭和十五）年五月二歩兵として従軍。憲兵の厳しい検閲をくぐり抜けてネガを持ち帰った。

41 御賜の煙草（おんしのたばこ）

金色に輝く天皇家紋章十六辨菊花が印刷されている極上煙草。

戦時中、士気高揚のため使われた。侍従武官の第一線部隊派遣、高級指揮官の上奏、拝謁の際に下賜され遂次順序を経て兵隊の手に。実際には五人、十人に一本のこともあった。当時の軍歌にもある。

恩賜の煙草いただいて　明日は死ぬぞと
決めた夜は……

特攻隊出撃前夜などに部隊長からうやうやしく隊員に手渡した。外地派遣軍には年一回下賜される例があった。父は九年間従軍したが三回支給された。移動の激しい第一線部隊であったため途中で消えてしまうのである。

一九四四（昭和十九）年ビルマで受領した際、陣中で鋸も釘もない。小刀で板を削り、針金で止めて容器の木箱を手作りし、内地の祖父へ送った。外地からは軍事郵便葉書しか出せなかったが恩賜品に限っては小包便が利用できた。

正しくは「御賜」

42 陸軍特攻隊員の服装（りくぐんとっこうたいいんのふくそう）

陸軍航空隊の冬服
特攻隊もこの姿で出撃した。
右手のところに手袋、左は拳銃
白い絹のマフラーはカッコよく軍国少年などは憧れたものだが、これは防寒が目的。
そして不時着の時の合図用、また海没した時サメから身を護るなどのためのもの。

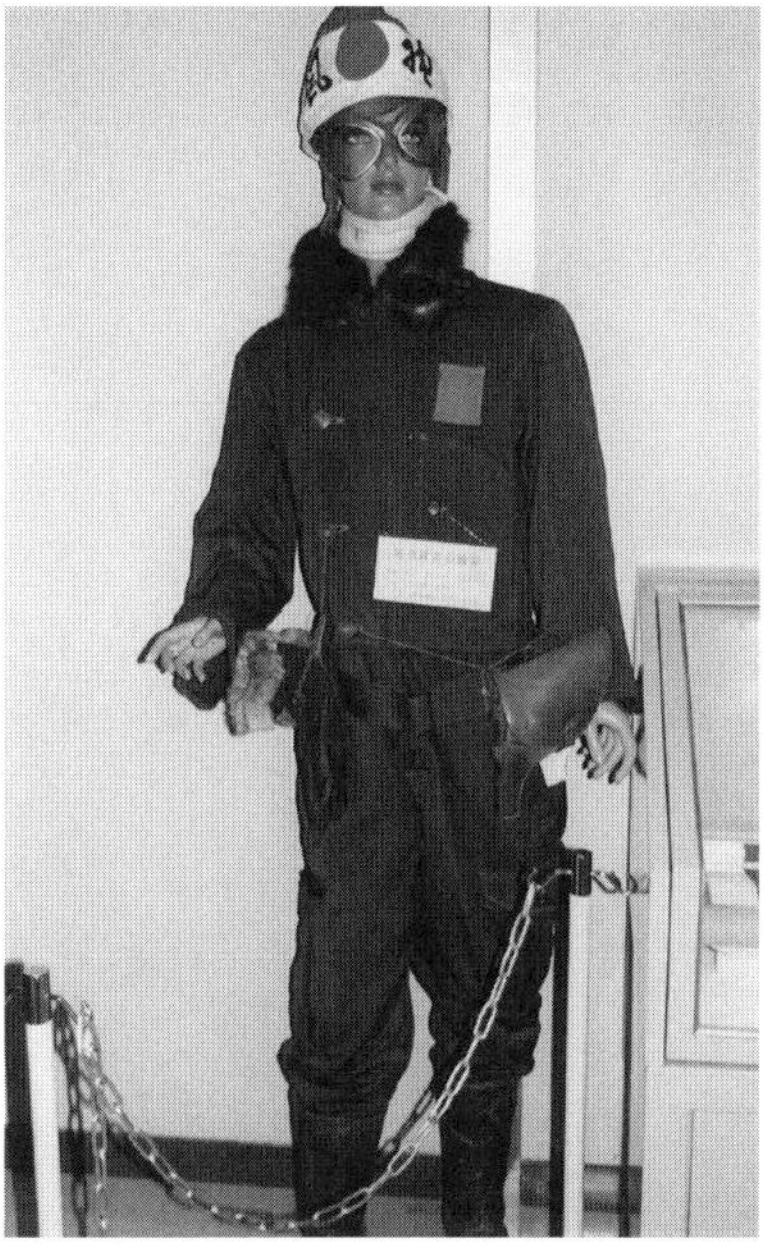
グラビア

43 部外秘 実戦虎の巻の内容

一九四一（昭和十六）年十二月四日、海南島三亜港から大輸送船団が出港。マレー半島敵前上陸部隊である。「船中で読め！」乗船時に渡されたポケット判の小冊子、

①『これだけ讀めば戦は勝てる』（部外秘、大本営陸軍部）

②『熱地作戦ノ参考　抜粋』（教育総監部　編）

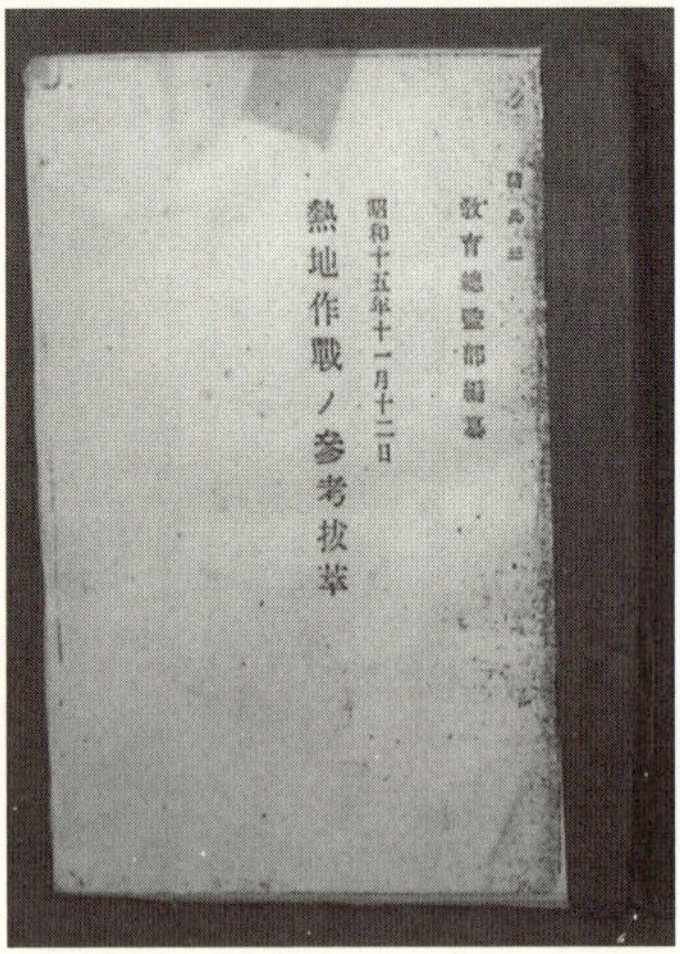

どちらも開戦に間に合わせた直前の印刷。縦十二センチ、横八・五センチ、厚み約三ミリ、平均六十七ページ。軍衣の物入れに入る。

『抜粋』は下級指揮官用、将校の小隊長、中隊長、下士官の分隊長あてで、いわば実戦の手引書である。皆、緊張、不安、焦燥、無聊……これらの複雑な心理の四日間、蚕棚のような船室で全将兵に読まれた。共にマレー侵攻作戦を企画した大本営参謀辻政信中佐の起案になる姉妹版である。

熱地とは英領マレー、英領ボルネオ、蘭領インドネシア、フィリピン、インドシナ、タイ、ビルマでいわゆる南方作戦対象地域だ。

広大なこの地域に次の方針で日本軍は臨んだ。二冊のパンフレットの要点は次の三点である。

一、愚民視し侮蔑

一貫して流れているものは南方民族への侮蔑感。「土民」また「土人」と侮辱的に呼び、二冊の中に四十六カ所（『抜粋九、『これだけ讀めば』三十七）もこの表現がある。たとえば「土民ハ一般ニ従順ナルモ流言ニ迷ワサレ雷同性大ナリ」とし、「空地」、河川等ニ汚物ヲ投棄スル習慣」（『抜粋』があり「花柳病が広く蔓延し」「女は殆ど全部花柳病を持って」と決めつけ「生活程度は低く衛生観念は皆無」「迷信深い」とし「土民兵の戦意は零だ」と酷評）全く悪意に満ち一方的だ。「土人を可愛がれ、併し過大な期待はかけられぬ」「土人の風俗習慣を尊重せよ」の項目もあり一応の説明はあるが、心底では蔑視。その反面「資源と施設を愛惜確保せよ」と訴え「石油以外の物資でも出来るだけ多く押さえて」として武力制圧の目的のひとつが資源獲得にあることを示している。

二、華僑への偏見

「懶（なまけ）ものの土人をごまかし英米仏蘭人と結託して経済上の力を増し」「上手な方法で土人を搾って」「大部分は民族意識も国家観念もなく唯儲ける以外に道楽はない状態」だから「利益の伴わない事に彼等の協力を期待する事は難しい」と評価。この独断と不信感がマレー、シンガポールなどでの掃蕩、粛清、摘発となり数多くの悲劇の原因となった。

日本軍のほとんどが支那事変以来の歴戦部隊だけに「支那人ハ戸籍法完全ナラザルノミナラス特ニ兵員ハ浮浪者多ク其存在ヲ確認セラレアルモノ少ナキヲ以テ、仮ニ之ヲ殺害又ハ他ニ放ツモ世間的ニ問題ニナルコト無シ」（昭和八年陸軍歩兵学校『對支那軍戦闘法ノ研究』秘扱）ノ認識が普通であった。

三、武断・弾圧主義

『抜粋』総則に日本軍の本音を明示している。「彼等若シ我ニ抗シ或ハ利敵行為ヲ為ス場合ニ於テハ断乎徹底的ニ弾圧シ畏服セシムルノ着意肝要ナリ」。こうして各占領地軍政も強圧策をとったのであった。

武力で制圧した上、相手に猜疑心や不信感を抱きながら接して「我ニ信頼シ進ンデ我ガ作戦行動ニ寄与スルニ至ラシム」(『抜粋』)ることは到底できないことである。明治政府による「北海道旧土人保護法」に「旧土人」または「土人」の蔑称が現存していた。これはアイヌ民族に対し「無知蒙昧旧土人」との前提があった。南方民族に全く同じ考え方が踏襲されているといってよい。

松本治一郎(一八八七〜一九六六)は一九四二(昭和十七)年、第七十九帝国議会で「東南アジアの人々に対して「土人」という言葉を使うのはよくない。だからアイヌ民族に対しても」と述べている。

44　飯沼飛行士の死の真実

開戦四日目の一九四一（昭和十六）年十二月十一日、プノンペン飛行場で九八式直協隊が次から次と離陸した。その直後、準備線の上に横たわっている遺体が。緑がかった服、肩と頭をプロペラに切断され、まっ赤に血に染まったカメラ「スーパーシックス」が目に止まった。整備班が駆け寄って来た。飯沼さんだと分かって騒ぎ出した。すぐに緘口令が敷かれた。

「飯沼さん」とは朝日新聞航空部員、一等飛行機操縦士の飯沼正明氏（一九一二～一九四一）である。一九三七（昭和十二）年四月、朝日新聞社機神風号で東京、ロンドン連絡飛行に成功。日本人として初めて国産機で国際航空連盟（ＦＡＩ）公認記録をつくった名パイロットで国民的英雄であった。飛行に抜群の技術と経験をもつベテランのパイロットが初歩的なミスで事故死したのだ。このようなことが起こるのが戦場である。南方には毎日スコールがあり、飛行場にはあちこちに水たまりができる。飯沼氏は靴が濡れないように滑走路の端を歩いていた。バンコクに転進する九八式直協隊がプロペラを回していた。一番機塚本中隊長機の車輪止めが外されて滑走路に向かった。地上滑走中、搭乗員からは真下は死角で、地上ではプロペラの音で接近する

神風号

のがわからない。不運な事故だった。

翌一九四二（昭和十七）年一月四日、飯沼飛行士の死について、陸軍航空本部は次の発表をした。

「陸軍技師飯沼正明（飛行士）は昭和十六年十二月十一日北部マレー方面の作戦において某重要任務中敵弾を受け、なおよく操縦を続行、辛うじて基地に帰還せるも、遂に壮烈なる戦死を遂げたり」

これは全くの作文で、第三飛行集団司令部情報参謀笹尾中佐によるものだが、軍と新聞社と合意の上での故人の名誉のための演出であった。

飯沼飛行士には大きな夢があった。

一九四〇（昭和十五）、紀元二千六百年記念事業として朝日新聞が企画したA26での長距離飛行世界記録樹立で、東京〜ニューヨーク無着陸飛行の計画である。木村秀政の設計で制作が進められていたが、一九四一年秋、戦争の切迫から中止となり、やがて開戦でその夢は消えてしまった。A26の航続距離は、東京から南米諸国まで飛べる一万五千キロメートル。風向きが悪くてもニューヨークまでは十分飛べる。飯沼飛行士は積極的だっただけにその中止に落胆と失望も大きかったに違いない。

百式司令部偵察機は、神風、陸軍で九七式司偵を設計した三菱久保富夫技師がその後継機として制作した傑作機であるが、筆者の父のいた第八十一戦隊は開戦前にこの飛行機をそろえた。時速六百キロメートル、各国のどの戦闘機より早い飛行機であった。プノンペンは南方で陸軍航空の根拠地だったが一番乗りで前進、飯沼飛行士もよく戦闘指揮所に立ち寄った。「シンゴラ上空、降下姿勢で七百キロメートル出ました。翼がビリビリしていました」などと話したりしたが、彼は南方総軍司令部飛行斑で要人輸送に当たっていた。同じ機種なので親しみがあったが、肉体的には疲労困憊の状態であった。

虚偽の戦死発表に唖然とした父は、父の隊では事実をありのままを記録しようと決め、部隊全員に呼びかけて、転進の間、戦友の追悼録、ノンフィクション戦記などのガリ版刷りの八部作を作った。
今も資料館に大切に保管している。

45　少年兵の遺書——故治部田　泉氏

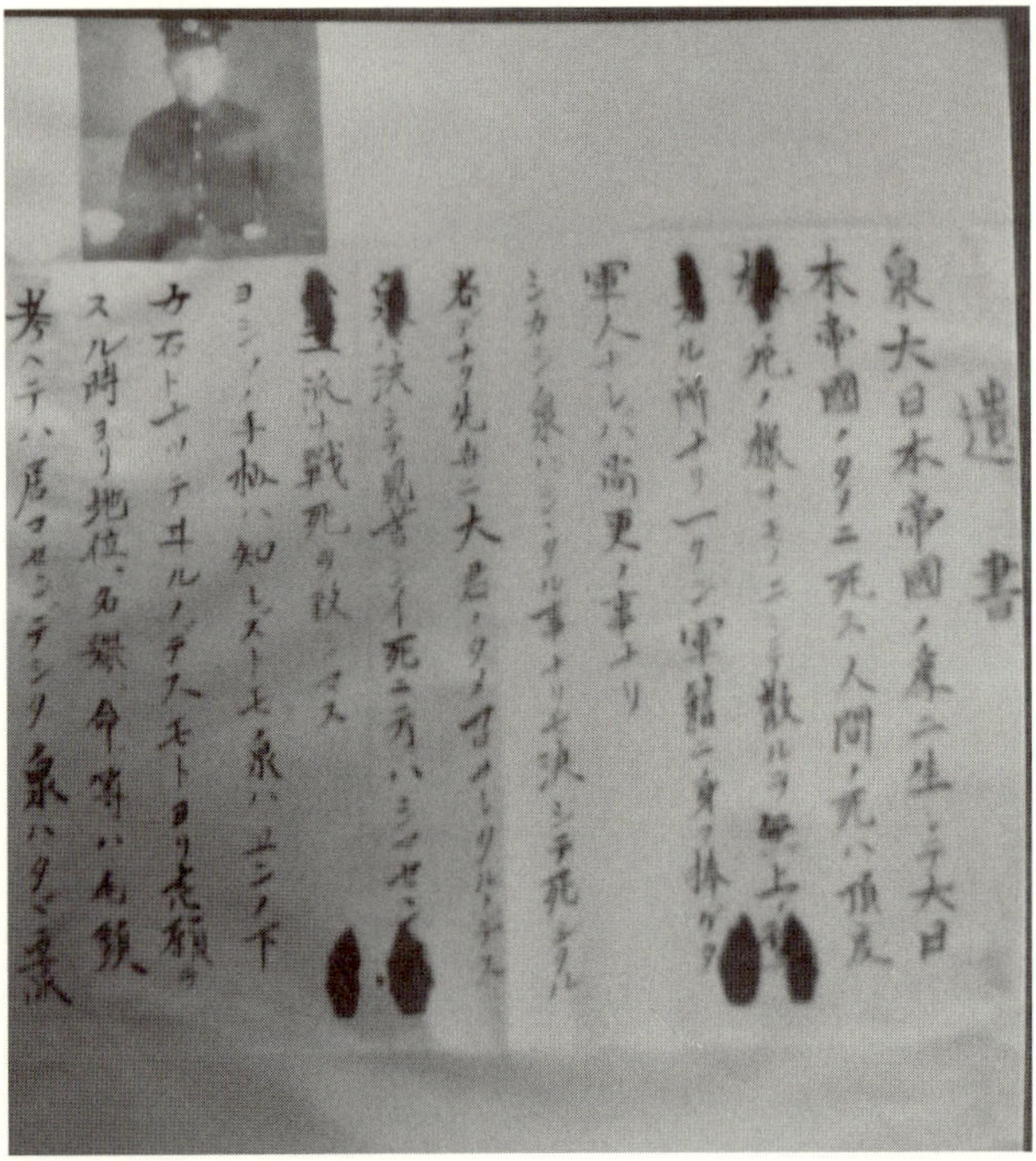

泉大日本帝国のために生まれ大日本帝国のために死す。人間の死は、丁度桜の花のようなものにして、散るを無上の望みとするところなり。

しかし、泉は死したる事なりも、決して死したる者でなく先世に大君のため召された子なのです。泉は決して見苦しい死に方はしません。泉は立派な戦死を致します。

よしその手柄は知れずとも、泉はえんの下の力石となっているのです。もとより志願す

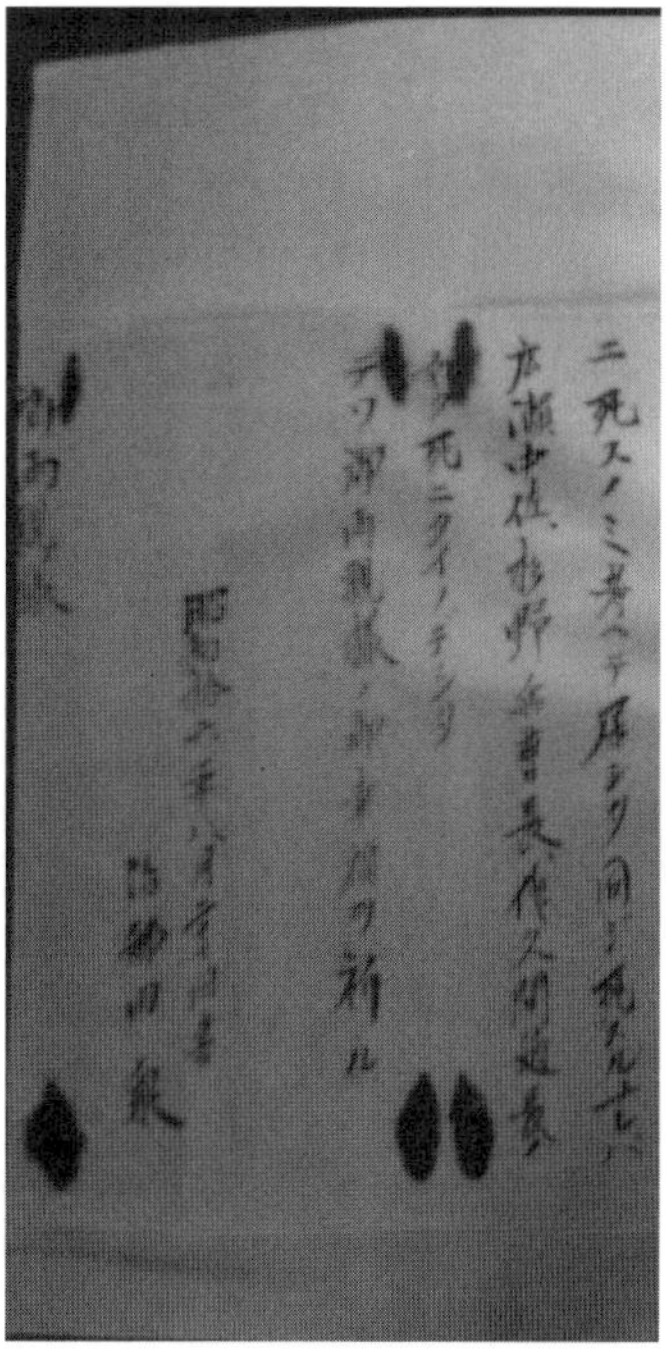

る時より、地位、名誉、命等は毛頭考えてはおりませんでした。泉はただ立派に死すのみ考えておりました。同じ死するなれば広瀬中佐、杉野兵曹長、佐久間船長の如く死にたいのでした。

　ではご両親様の御幸福を祈る。

昭和十六年八月二十七日

治部田　泉

ご両親様

身はたとえ
　戦のにわに立つるとも
　くにの父母に　心飛ぶらん

46 洞山感恨嘆賦（とうざんかんこんたんふ）写

日中戦争で日本兵に傷つけられた中国女性朱恵君の詩文の写し。詩文は七言六十四句からなり、幅三十センチ、長さ三・五メートルの巻物の複製。一九三七（昭和十二）年十二月、中国杭州に進撃した日本軍は翌年一月、掃討作戦を始め、上海の東亜同文書院の学生通訳として従軍していた島田孝夫氏（故人）は、日本兵に乱暴された中国人女性たちを助けた。女性のひとりで当時十六歳だった朱恵君さんが三年後に島田氏に感謝の気持ちを込め詩文を贈った。

戦後、島田さんの通訳仲間が訳を付け一九七九（昭和五十四）年に非売本『洞山感恨嘆賦』を発行。本文の訳著者井上信氏は、島田氏とは、一九三七（昭和十二）年十一月五日、杭州湾敵前上陸以来、南京、杭州、武漢等の中支の戦場に通訳従軍行を

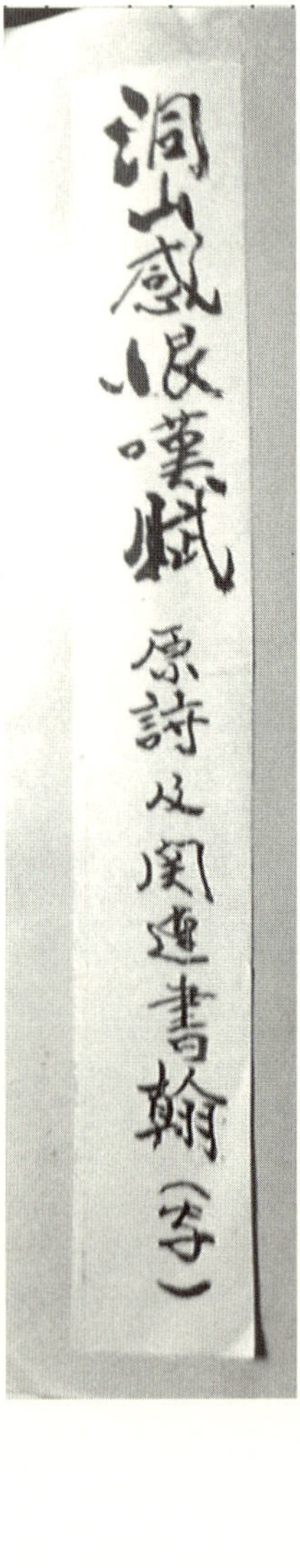

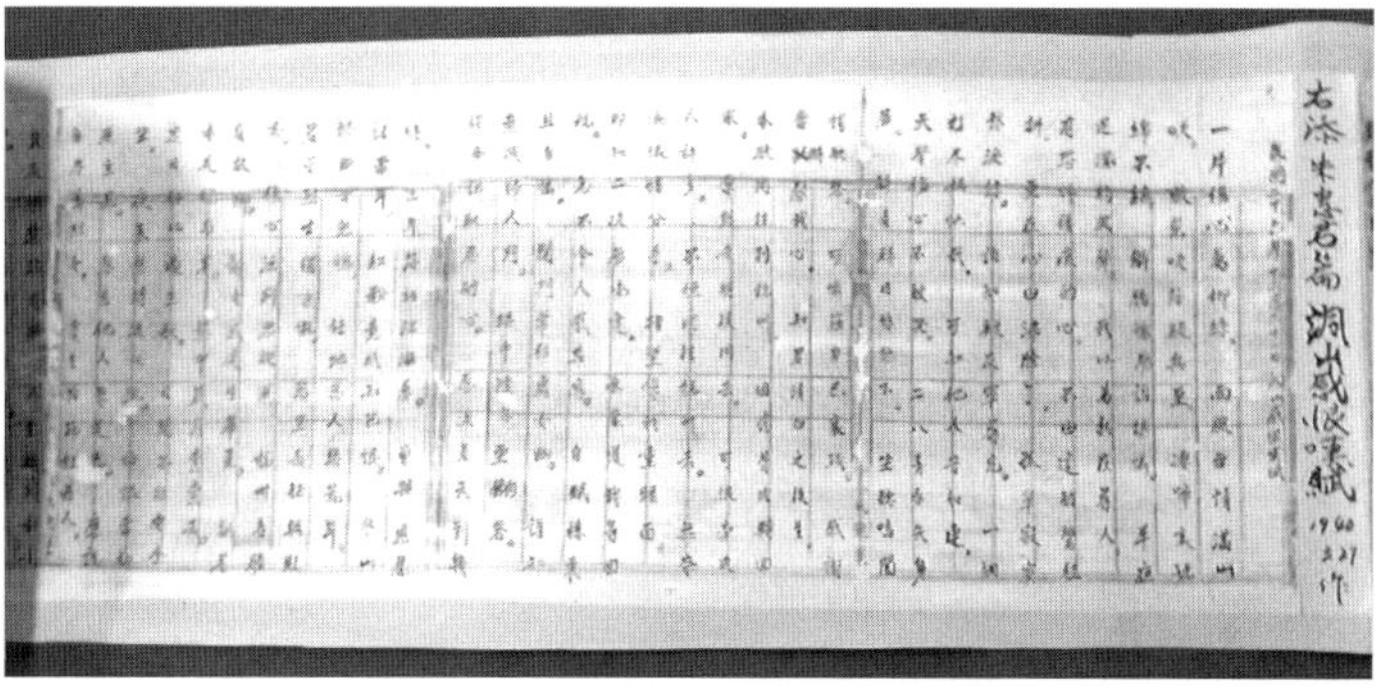

共にした。井上信氏の手記を次に紹介する。

一九三三（昭和八）年、島田孝夫は中国上海にあった東亜同文書院大学に第三十三期生として十七歳で入学。陽明儒学の泰斗山田岳陽先生に自称愛弟子というくらい傾倒。授業中は勿論、休みの日でも必ず御自宅に伺って知識を培う。

一九三七（昭和十二）年七月七日、北京郊外の盧溝橋における一発の銃声から始まった日中戦争は、八月十三日上海に飛び火して、ついに両国の全面戦争に発展した。十月に入り、六陣にわかれて中支の戦線に出動した学生は、陸海軍の通訳として各部隊に配属され、歩兵第五十六連隊本部に所属。十二月二十五日、日本軍は杭州に無血入城して西湖の湖畔に軍司令部をおき、第十八師団主力も杭州に入り、島田の部隊も湖畔のホテルを占拠した。

日本軍来ると聞いて、市民の大部分はいちはやくどこかに避難してしまっていた。戦勝の景気に沸き立つ故国からの慰問品の山に埋もれて正月を迎えた日本軍は、敵国の首都が陥落したので、あとは凱旋の日を待つばかりと、連隊長から一兵にいたるまで信じていた。こうした時期に痛ましい事件が起きた。

無血入城によって戦禍をまぬがれたはずの杭州の街や付近の部落は、勝者の驕りに酔う心ない日本兵の掠奪によって次第に荒廃していった。

掃討作戦のため出動した連隊は、一月二十日の夕方、杭州まで二十キロの地点にある閑林鎮という町に集結して、一日の休養をとることにした。翌二十一日、休養をとって疲労回復した下士官・兵は、午後になると数名ずつグループをつくって思い思いに付近の部落に出かけた。部隊が宿営している閑林鎮の住民は日本兵の暴行を恐れて、いちはやく周辺の山や部落に避難していて人影はなかった。島田通訳は連隊長の命令を受けて、その日の午後、下士官一名と周辺の部落の状況を偵察して回っていた。

近くの部落には住民の姿はなく、何を探すのか日本兵の姿がみえるだけである。その背後にあるさして高くもない山に近づくと、いくつもの洞穴がみえた。自然にできたものと思われるこれらの洞穴に近づくと、人が水溜まりを走って逃げ込むのか、ぴちゃぴちゃと足音が聞こえた。雪解け水に浸った洞穴の中で、歯をくいしばり寒さにふるえながら声を殺して日本兵が早く立ち去るのを祈っているのであろう。

こうしてあちらの山陰、こちらの洞穴、さらに離れた部落の入り口に、監視のものが日本兵の行動を見守っているにちがいない。

午後三時というのに暮れやすい冬の日を感じて、島田は帰隊を急いでいた。祠山という小さな山を背にした部落を通って閑林鎮に向かった。部落の所在地まであと二キロである。部落の外には、数人ずつかたまった日本兵の姿があちこちに見えた。さらに近づくと、こちらの民家、あちらの物置、そして藪陰で、それらの兵隊が卑猥な笑い声をたてていた。

どこからか女の悲鳴が聞こえた。異様な気配を感じた島田は彼らに近づいた。

「おい、通訳、ちょうどよかときにきた、おまえもやれ、よかおなごだぞ」島田に気がついた下士官がにやにや笑いながら、すぐ向こうの小さな民家を指差した。東亜同文院の学生という意識が、彼らと同じ行動を拒否した。

「いや、僕はそんなつもりで来たのではないです」

彼は言い捨てて、その家の戸を開けた。島田の闖入に驚いた一人の一等兵が、きまり悪そうにズボンの前を合わせながらそそくさと出ていった。曹長から始まった祭典が階級順に行われていたのである。かっと体が熱くなったような興奮を感じて、次の部屋に入った。

土間に投げ捨てるように敷かれていた薄い布団の上に、若い女が下半身をあらわにしたまま仰向けになっていた。島田の姿をうつろな目で眺めた女は、また一匹の野獣を迎えるのを観念したように、ただ、はやく処理してくれというような手つきで自分の体を指差した。

心ない荒くれどもに発見され、恐怖と屈辱に動転して泣き叫ぶ身を憐れみ、怒りと悲しみにうちひしがれた状況を、後に朱恵君は賦に記している。

「違う、僕は違うんだ」と言いつつ、彼は入れ替わり立ち替わり犯されて声も涙も出ないでいる女を抱き起した。南京攻略の途中に日本軍が犯した残忍な行為の噂は、この杭州にもすでに伝わっていたのであろう。さんざん弄ばれたあげく、最後に一発撃たれて殺されてしまうものと観念していた女の顔に血の気が走った。まだ若い学生刈りの短い髪の女は、よろめくように彼の手にすがって立ち上がった。

「他們是高麗人碼？」その女は顔をうつ伏せたまま低い声で聴いた。「我是日本人不是兵　我是東亜同文書院的学生」彼は一気にこれだけの言葉をかえした。

女の青白い顔が、ぴくっと動いた。吹き出すような涙に溢れた目が島田の顔をみつめた。女が何かいいたそうにするのを、「はやく外に出て……」日が暮れかけている外気にふれて、女は唇をかみしめて震えていた。島田は自分の手袋を脱いで女の手にはめてやった。いっしょに連れてこられた女がまだ四人いると聞いて、「ここで待っているんだ」と言い捨てると近くの物置や藪の陰から次々と四人の女を捜し出した。「おい、通訳、うまいことやっちょるな」祭典が終わって満足した下士官や兵は卑猥な嘲声をあびせて部隊に戻っていった。

救い出された女たちは泣くことも忘れて、互いの身をかばい合うようにして無表情に立っていた。聞けば、杭州から、この洞山に避難していたのだという。

「僕が送ってやる」島田は五人の女を引率して洞山の部落に入り、村の長老を探した。数百人はいると思われる難民や部落民があちこちに集まって島田たちを見つめている。群れのなかから出てきた長老に五人の女を引き渡すと、あらためて、丁重に今日の日本兵の暴行ぶりをわびた。

日本兵の蛮行を目の当たりに見て恐怖の一日を過ごした彼らには、その非をわびる島田という通訳の態度がかえって異様に映ったにちがいない。日本軍は信用できないが、島田という通訳の言動は信じてよさそうだ。しかし、この男にどれだけの力があるのだろうか。そう思っていたに違いない。彼に助け出された女たちも、家の陰や男たちの後ろにかくれて、ハリのある声で上品できれいな北京語をしゃべる島田の話しぶりに聴き入っていたに違いない。

島田が自分の説得力の不足を嘆いているとき、実は男たちの後ろに隠れるようにして、昨日はめてくれた手袋をしっかり握りしめて、熱い視線を送っていた女がいたのである。

この時から二年半後にわかるのであるが、その女は朱恵君。当時十六歳で杭州の高級中学三年生か卒業したばかりと思われ、嘆賦を読んでわかるように学力優秀な娘であった。

父親の朱鳳書は杭州市西新巷に代々続いた大邸宅を持ち、市の中心街で文記綢荘という綢布の問屋を手広く経営している商人であり、また学問もあり社会奉仕にも献身する律儀で高潔な人物であった。母親と祖父、ふたつ年上の姉がいた。

杭州に戻った島田はさっそく憲兵隊に連絡した。憲兵隊は治安維持会と協力して難民の引き揚げに乗り出し、数日の間に船で杭州に送り返した。しかし、島田孝夫と朱恵君との出会いは、その時以来、今日にいたるまでない。

（杭州方面作戦時、従軍学制島田孝夫君の中国人子女救援の記抄・井上信・第百十四師団歩兵第百二十七旅団）

私家版『江南に悲歌流る』井ノ口まつ子編集

47　じゃがたら首の謎

昭和十七年四月二十九日　(水曜日)

じやがたら首にもからくり

正義の鑿で剝げた和蘭の嘘

じやがたら首

【バタビヤ特電二十八日発】バタビヤ市内の一角に蘭印政府によつて曝されてゐた有名なジヤガタラ首の撤去式は二十八日午前十時〇〇部隊長によつて行はれた

一七三二年四月蘭印政府の暴政に同志とともに蹶起したピーター・エベルフエルトは事成らず残忍な極刑に処せられその首は槍に突刺されたまゝ彼の住居の塀の上に曝されて来たのであるが、このジヤガタラ首こそオランダ植民政策のシンボルであり東印度原住民の恐怖であり屈辱であつた、厳戒のもと日本武士道の情けにより志士の霊が蘇へる歴史的な撤去式は群る原住民の希望に輝く眼ざしのうちに厳粛に行はれ〇〇部隊長によつて撤去工事の鑿が打込まれたところが意外その一撃でころりと落ちたセメント固めの首の内部にはあるはずのエルベルフエルトの白骨の首はなく、巧なる狩野細工の首にセメントをかぶせたものに過ぎなかつた

原住民に二百年間畏怖を与へつゞけて来たジヤガタラ首の実体は下手くそな一個の贋物に過ぎなかつたのである、最初から本物の首を塗り込めてなかつたのか、あるひは途中で原住民が秘かに作り替へたのか、ともあれジヤガタラ首の正体こそオランダが三世紀半にわたり東印度で行つて来た欺瞞と詐略のからくり政策をそのまゝに物語るものとして原住民の間で大なる話題になつてゐる

朝日新聞

父がジャワに駐留中の一九四二（昭和十七）年四月二十八日、バタビヤ市内の一角に蘭印政府によって曝されていた有名なじゃがたら首の撤去式が行われた。

一七三二年四月、蘭印政府の悪政に同志と共に蹶起したピーター・エベルフエルトは事成らず残忍な極刑に処せられた。その首は槍に突き刺されたまま、彼の住居の塀の上に曝されてきた。東印度の住民にはオランダの植民地政策の表徴であり屈辱と恐怖そのものであった。

原住民の見守る中、厳粛に式が始まった。駐屯地部隊長の手にした鑿（のみ）が打ち込まれたところ、意外にもその一撃でコロリと路上に落ちた。セメント固めの首の内側にはあるはずのエベルルフエルトの髑髏はなく、単なる石膏細工の首にセメントをかぶせたものに過ぎなかった。二百年間も原住民に戦慄を与え続けたじゃがたら首の正体はまことにお粗末な彫刻のじゃがたら首に過ぎなかったのだ。目の当たりに見て忽ちジャワ全島でニュースとなり大きな話題となった。

最初から本物の首は塗りこめてなかったか、途中で原住民が密かに作り替えたのかわからない。ともあれオランダが三世紀半の間東インドで行ってきた欺瞞と恫喝のからくりが白日の下に明るみとなった。すらすらと式が終わって父は考えた。まてよ、あまりにも手際が良すぎるではないか。実は軍司令部の参謀の考えそうなことだ。皇威のもと日本武士道の情けで独立運動の志士の霊が蘇る。正義の鉄槌でオランダの嘘がばれた。これで立派な筋書きができる。占領後初めての天長節にタイミングよく合わせるなど日本軍らしいやり方だ。

はかりごと、策略を巡らすのが謀略である。一九二八（昭和三）年の張作霖爆殺、一九三一（昭和六）年満州事変、翌年昭和七年上海事変といずれも日本軍の謀略であった。じゃがたら首も格好の話題づくりとなったようだ。もっともこの三か月後、父の部隊は連合軍の反攻で決戦場となったビルマへ転進した。

48　軍旗祭

旧満州に出兵していた陸軍歩兵第四十八連隊（久留米市）の軍旗祭の写真。軍事機密であった兵舎、装備なども写っている。当時、無断持ち出しがわかれば銃殺も免れなかった。一九四三（昭和十八）年三月二十四日、満州国牡丹江省城子溝で撮影されたもの。軍旗祭は連隊にとって最大の年一度の式典。カメラが趣味だったKさんは召集された写真屋の補助担架兵の一人で命令で撮影したネガを借り、密かに私物の印画紙に名刺サイズに焼き付けた。昭和十九年、台湾に移動する直前、本のページの間に隠して郷里へ送っていたため残った。父が戦友だったKさんから接写してキャビネサイズに引き伸ばした写真の寄贈を受けた。生前に「本物は終戦時、焼却されたと思われる。貴重な写真だ」と話していた。

昭和18年　歩兵第48連隊　軍旗祭　満州国牡丹江省　城子溝

昭和18年　歩兵第48連隊　軍旗祭　満州国牡丹江省　城子溝

49　無名兵士の箸と箸箱

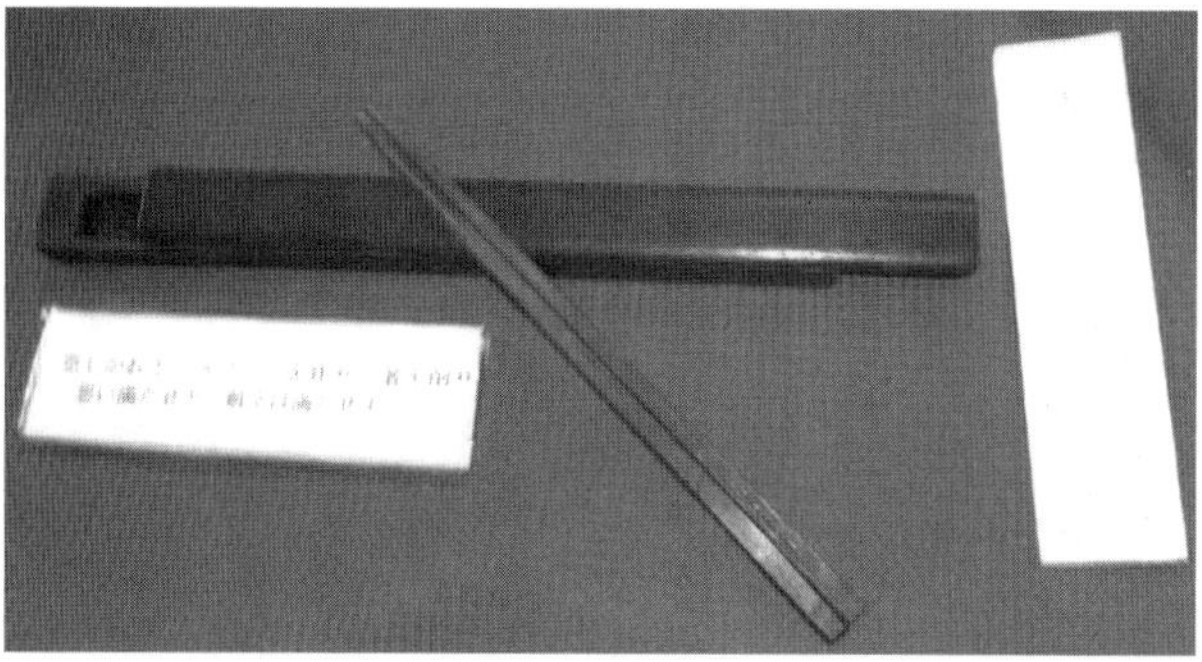

ニューギニア戦線で餓死した兵士が手作りした箸と箸箱。

「箸の立つご飯が食べたい」と願いながらこの箸を使うことはなかった。

補給が絶たれ、七割が餓死したと言われる南方戦線。空腹時に我先にと餓鬼のように手づかみで食するのも当然なことだと思われるが、箸で頂きたいと願い、兵士になる前の指物師と思われる職業柄か極限状況下で苦心惨憺して作り上げた無名兵士の心情を慮ると胸が痛くなる。戦友が持ち帰り当館に寄贈した。

空しかれど　スプーンを作り箸を削り
思い満たせど　飢えは満たせず。

ガダルカナル、ニューギニア、レイテいずれの戦場も餓死による兵士の遺体が累々と散乱し、数知れぬ蛆の餌食となり白骨をさらす身になり果てた。非情で悲惨な戦争の実相である。白骨となった遺骨は異境の地で今もなお百万柱近くが眠ったままである。

50　遠藤三郎中将の軍服

元軍人の中で父が一番尊敬していた方が遠藤三郎閣下である。軍人の中にもこんなに考え方の柔軟な方がおられるのかというのが初対面の時の父の印象であった。階級と命令の真空地帯である軍隊の中では実は将軍と一下士官がゆっくり話をするなどということはできない。父が個人的にも色々教えを受け格別薫陶を受けたのは戦後になってからである。

閣下ご自身の四十年の軍人生活を反省されて、非武装不戦、軍備亡国を提唱され、右翼、元軍人からは「赤の将軍」「国賊」などと攻撃されたが屈せず信念を貫かれた。特に一九五三（昭和二十八）年、片山哲元総理らと憲法擁護国民連合を結成されてからは終世代表委員を務められたことと、戦後いち早く毛沢東、周恩来氏と親交を結び新中国の前途を確信。訪中五回、日中国交回復の礎を作られた先見性が印象に残る。

魅力ある人格と高邁な識見、遺風を偲びつつ知られざるエピソードを、記す。

一九八〇（昭和五十五）年二月十二日、遠藤三郎元陸軍中将から速達便が父に届いた。

春立ちて寒波再来、御障りもありませんか。御一同様の御健康をお祈り致します。

いつぞや承った様に思いますが、兄が戦争記念館を造って居らるる筈、若し御希望なら老生の現役時代（中将）の軍服が手許にあります故寄贈申上げ度、至急御返事下さる様御願い致します。取急ぎ用件のみ

二月十一日

遠藤閣下と父は太平洋戦争緒戦の時、南方でほぼ同じ作戦に歴戦し、特にジャワ占領直後、カリヂャッチ飛行場に第三飛行団司令部が置かれた折は宿舎が隣同士であった関係上、特にお忍びで閣下が見えることがあり親しくさせて頂いた。

一九四二（昭和十七）年三月下旬のことである。当時、父は司令部偵察機隊の飛行第八十一戦隊第二中隊にいたが、前年十二月からのマレー、シンガポール攻略が終わり、ジャワ作戦も圧倒的な勝利。極東地域から連合空軍は姿を消して戦局は一服状態であった。

その頃隊員はパレンバン偵察任務に就いており、部隊で初めて戦死した石坂茂准尉の最期に強い衝撃を受けていた。石坂准尉の同年兵である日向准尉が「石坂のことを皆で書き残して追悼録をつくろう!」と呼びかけ父に「一切任す。何とかまとめてくれ。中隊長殿には本を作る許可を頂くから」と相談があった。

初めてのことでどこから手をつけてよいかわからない。とにかく原稿を用意せねばならぬ。昼間は決まった軍務があるので作業は夜鍋である。また原稿も、古参兵以上は書く時間があるが初年兵にはその時間がない。

「古参兵も自分の褌は自分で洗え! 初年兵に原稿を各班長は責任をもって書かせるよう、一人でも洩れたらその班の外出は禁止だ」

効果てきめんでどうやら原稿は集まった。次は紙だ。三月進駐以来、父はこの部落の村長とは仲良しになっていた。早速このことを話すと「トアン、ここから二十キロ位西にスパンという町があります。そこにはオランダ人の印刷工場があるので、そこに行けば必ず紙があります」

早速車を飛ばして行ってみると既に軍政監部が接収していた。「次の作戦にいる。

これが辻参謀の証明書だ。少し紙を頼む」倉庫に案内されてびっくり。あるある、各種の紙が学校の体育館位の広さに山のように積み上げてある。「どの位いりますか?」「差し当たりトラック一台分でよい」同行した使役の兵隊はすっかり当て外れである。糧秣受領などに出れば缶詰などの特配があるので楽しみだがここにはそれはない。

「よそにないものを作るんだ。そのために辛抱してくれ」それにしても辻政信大本営参謀はマレー、シンガポール作戦の成功ですっかり兵隊にも有名だった。ちょっと名前を無断借用した次第であった。出がけに用意してきたのが立派に役立って面白かった。別れる時司政官いわく「他の部隊はやれ机だ椅子だ寝台だと相談に来ます。紙をと言われたのは初めてで、まだ地区司令部の参謀も来ておりません。ここにあるとよく分かったもんですね」

紙は支給されるものは正規の報告に使用するので全く別に都合する必要があった。中にはMADE IN U・S・Aと透かしの入った紙もありすっかり気を良くした。紙が心配なしに使えるということは、もう仕事が半分できたようなものだ。但しサイズが全紙のままなので部落の小さな印刷所でB4の大きさに切断して使用するようにした。

こうして夜鍋で作業していると夜中にふらりと遠藤閣下が一人でみえた。すぐ副官が後を追って来た。

「敬礼！」使役兵に号令をかけると閣下は「そのまま、そのまま」と鷹揚に会釈された。簡単に経過を説明申上げると「出来たら一部届けてもらいたい」と言われ、さらに「何か不自由しているなら言いなさい」副官に何か耳打ちし自室に帰られた。

十分位経って閣下の当番兵が「差し入れであります！」バナナなどの果物を持ってきた。このようなことが四回あって三回目に「コンサイスは持ってきましたが漢和辞典がなく困っております」と申上げると、後で『用字便覧』という陸軍の学校で使うポケット判の字典を頂いた。

蘭印軍降伏は三月八日であるが、これを決定的にしたのが一週間前、三月三日のカリヂャッチの戦闘である。遠藤団長は当日午前十時十五分にパレンバンを離陸。十一時半カリヂャッチ飛行場着陸。直ちに戦闘指揮所開設。先着の参謀から報告を受けている最中、敵戦車群飛行場に向かい近接しありとの報告に接した。直ちに全力で攻撃を下令。「襲撃戦隊の善戦賞賛に価す」と閣下は日記に認めている。敵戦車群の攻撃に同行した従軍記者、読売新聞社冨沢有為男氏の記事である。

「カリヂャッチ攻撃の敵戦車部隊が飛行場一粁の地点に迫った時、遠藤部隊長はまず第一撃を以て敵戦車の先頭を叩きつぶし、第二撃を以て後尾の装甲車数台を破壊した。道路の両側は水を満たした水田である。抜くにも引くにも進退を失った戦車群がその後どの様な遠藤部隊の徹底的な爆撃を受けたかは想像に余りがある。この間、時間にして約二十分。

火焔は街路樹を焼き、黒炎は天を焦がした。敵機甲部隊乗組員中生命を取り止めた者は皆無であった。この惨烈悽愴な光景をただ茫然として眺めるより外に方法はなかった。敵の大軍は、我に返った時は彼等もまた爆撃の渦中に投じられているのを知った。いわばジャワ作戦はこの二十分で決定したと見なしてよいかも知れぬ」


まことに鮮やかの一語に尽きる。その場面を描いた従軍画家の作品もあるが戦車、装甲車などの残骸はその後三か月位はまだ残されていた。

蘭印側の停戦申し出は第三飛行団戦闘指揮所で三月八日午後蘭印総督シタルケンボルグ・チャルダー氏。陸軍長官テルボーテン中将らと日本側今村軍司令官、岡崎参謀長らで行われた。会議中の様子は小磯良平画伯が記録画として残している。戦後、防衛大学における今村軍幕僚の講演に白旗を揚げてカリヂャッチ飛行場に来た蘭印側に航空部隊の将校が目隠しをさせようとしたのを今村軍司令官は彼等の名誉を尊重し目隠しを取らしめたとあるが、これは間違い。遠藤飛行団長は飛行団の威容を示すべく全飛行機を飛行場に配列し、この前を彼等を通過させている。また、帰還の時刻は夜八時過ぎ、暗くなっているので目隠しの必要はない。

「蘭印停戦全権引見の遺跡」このような木柱が指揮所の入口に建立された。写真撮影の一葉を後で父が閣下に届けたら「よく写っている、書記の西伍長に書かせたものだ」と言われたことがあった。

閣下は砲兵科からの転科である。航空部隊の飛行団長でも地上から指揮するのが普通であった。それを閣下は機上陣頭指揮されたので「今度の飛行団長は」と生え抜きの航空隊の将校も尊敬、心服するようになった。

はじめに書いた葉書の軍服は一九八〇（昭和五十五）年二月半ばに届く。ベタ金に星二つの中将の襟章、大本営参謀懸飾。陸軍大学卒業記章と三点揃った立派なものだ。陸軍大学卒業記章は俗に天保銭といわれているがエリート中のエリートの証である。

閣下の自伝『日中十五年戦争と私』（一九七四年刊）に陸軍航空総監部長（大本営幕僚兼任）の頃、一九四三（昭和十八）年五十歳の時の写真がある。一九八〇（昭和五十五）年八月にこの写真を頂きたいとお願いしたところ「ちょっと見当たりません。ご勘弁下さい」との返事。三十七年も経っている、諦めたところ同年九月十一日速達で写真が届いた。「先便で見当たらないと申上げましたが荊妻が古いアルバムの中から見つけてくれたので急送致します。九月九日朝　遠藤　武富兄」　このような手紙が同封してあった。光子夫人が特に手間をかけて探し出されたのであるが、ご夫妻の格別のご配慮がまことにありがたかった。父はさっそく大きく引き伸ばして資料館に展示していた。

四角四面というか、規則と規律で軍隊は成り立つ。軍隊の行動はすべて典範例令による。即ち

典　歩兵操典、砲兵操典など各兵科の基本

範　射撃教範

令　作戦要務令、野外勤務令など実務面

その他『……の参考』『……の心得』『……の注意事項』など山のようにある。いずれも多年の経験を基に作られているし読むだけでも興味がある。だがこれ等は一般普遍的の原則を示したもので現在進行中の事象に即応してはいない。それで大本営第一課の任務が動員部隊の教育であるから一九三八（昭和十三）年、遠藤三郎中将が大佐で課長の時、『従軍兵士の心得』を出す。これは野戦重砲兵連隊長として北支に従軍した体験によるもの。従軍部隊の軍紀の刷新が最大急務と判断、今までのように支那民衆を侮蔑し非違を犯すようでは必ず民心を失い、戦闘に勝っても戦争に負けること

は必至と憂慮しての執筆。すでに中国とは八年交戦。長期戦に倦み軍規の乱れが目立っていた。遠藤将軍の予言は的中した。

内容は極めて常識的で文章も平易。誰でも読めるし誰でも理解し得るもの。説得力がある。三年後の一九四一（昭和十六）年東條英機陸軍大臣の出した『戦陣訓』は美文調であるが、それだけに美辞麗句の羅列、抽象的で軍内部でも悪評嘖嘖たるものであった。

軍規風紀は陸軍大臣の管轄。一般教育に関するから教育総監部の権限だなどと縄張り争い的異論や反対もあったが、現実の状況は急を要するので上司の許しを得て遠藤大佐は就任一か月後、八月までに百三十万部印刷。全軍に配布した。

部隊には毎月『非違犯行月報』が届く。上官暴行、戦場離脱、強姦、掠奪、放火など不面目事件の実例が列挙してある。一九四〇（昭和十五）年までに数万件に及ぶ軍法会議の調書を調べ、大学教授前職者などを起用、戦陣訓の資料を作った。なぜこのように犯行が多かったか？　それは侵略戦争で中国民衆すべてを敵にしているので兵隊に恐怖心が起き殺伐たる雰囲気と相乗し理性、良心が麻痺するのである。戦場心理というが平素考えられないようなことが起きる。歩哨は警戒の第一線。責任も重いが緊張する。近づく者は三回誰何し答えがなければ発砲してよいと決められているしビルマで現地人が答えないので発砲、即死した。後で家族の急病を隣村の親類に知らせに行くところだったとわかる。彼は唖者で悲劇が起こったのである。殺すか殺されるかが戦場だから動物的に本能として身を守る。現地人は結局殺され損ということである。中国、南方で小兵力の場合、彼等のゲリラにやられる例も多かった。

初年兵、召集兵など内地から来たばかりですっかり震え上がっている。古参兵が度胸をつけさせるため中国兵捕虜を刺殺させる。手元が狂ったり、恐ろしくてなかなか突けない。それでも強制し一人前の実戦に耐える兵隊が出来上がるのである。地上部隊の例である。

元陸軍省兵務局長田中隆吉少将は稀に見る硬骨漢であったが著書『軍閥、敗因を衝く』（一九四六年・山水社刊）に次の一節がある。

賄賂は公行した。虐殺と掠奪と暴行は枚挙に遑がなかった。私の親友遠藤三郎中将は漢口より兵務局の私宛に私信を送り来りて「高級将校にしてその心掛けを改めざる限り事変は絶対に解決の見込みなし」と憤慨した。

51　義眼（ぎがん）

一九八六（昭和六十一）年三月のある日、北九州市在住のFさんが唐草模様の風呂敷包みを背負って来訪された。「残ったものはみんな武富さんのところに持って行ってくれと主人の遺言でした。お納め願います」

軍服、勲章、記章、傷痍軍人証、諸証明、戦中用品など百余点。初めて見るものとして皇后陛下下賜義眼、御沙汰書、御下賜繃帯入桐箱など。「特に大事なものは奥さんが保管されたら……」というと、「ひとり身ですし、後で粗末になってはかえって悪いと思いますので……」静かな表情でこの答えが返ってきた。

ご主人のSさんは洋服仕立職人であったが、一九三九（昭和十四）年から南方各地を歴戦。左頬部盲管銃創で左目失明。皇后陛下から義眼を下賜。入院中の繃帯は「御下賜繃帯」と表書のある桐箱に入っている。明治以来皇后陛下はじめ各宮妃殿下が赤十字本社で繃帯巻きの奉仕をされることを父は知っていたが、その実物を手にしたのは初めてだ。

御沙汰書は大時代なもので奉書紙（縦二十一センチ、横五十三センチ）に。

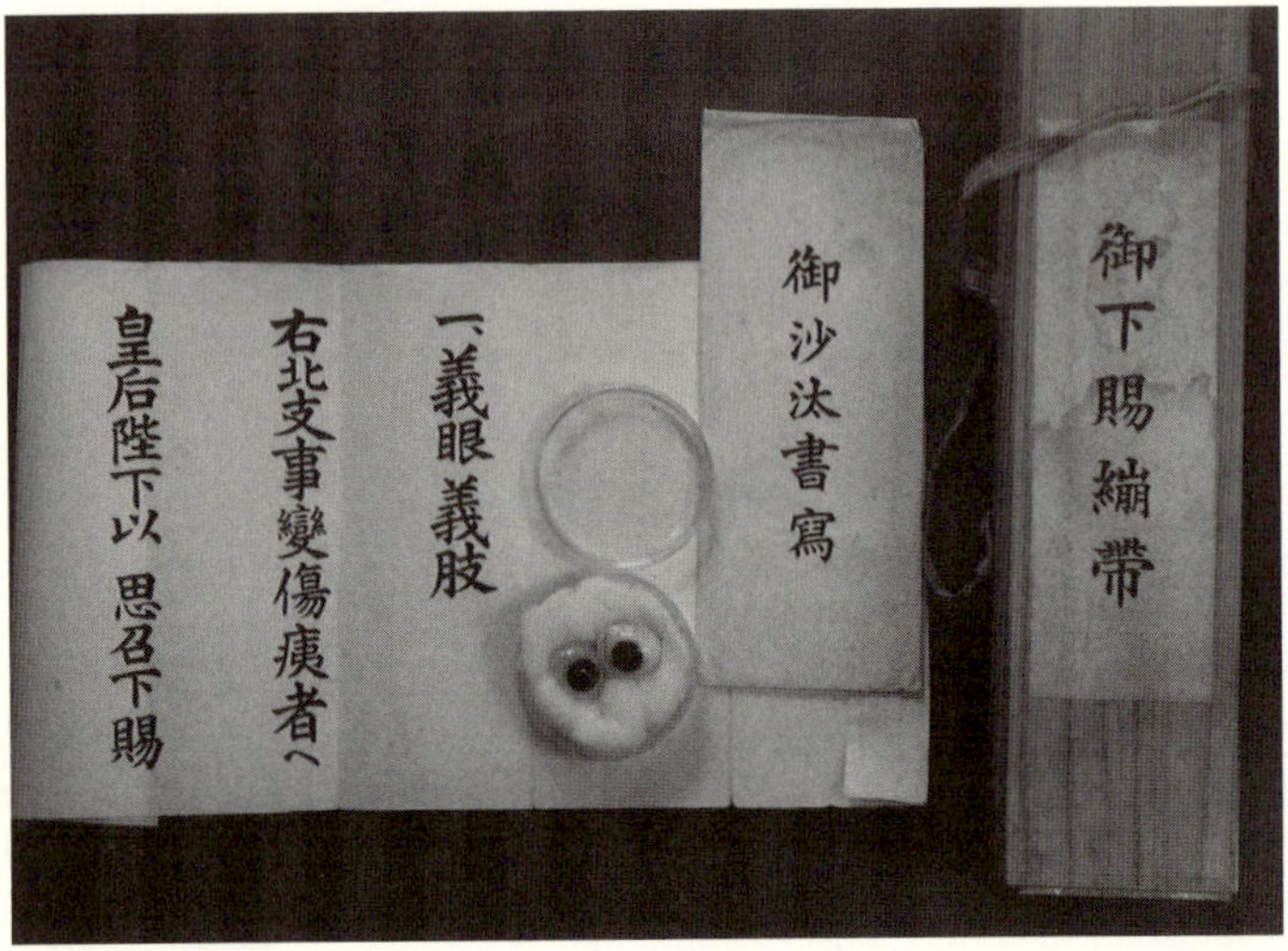

一　義眼　義肢
　右北支事変傷病者へ
　　皇后陛下以　思召下賜

と記されている。そして次の付箋がつく。

本御沙汰書ハ支那事変傷病者ニ対スル思召ニシテ北支事変トアルハ支那事変勃発当初北支事変ト称セラレタル時期ニ御沙汰被為在タルタメナリ。

「御沙汰書」と記した奉書の封筒（縦二十七センチ、横八・三センチ）に入っている。

義眼はガラス玉一対。実際にはSさんは使用されなかったという。一般に恐れ多くも皇室から御下賜になった。まことに有難いこと、勿体ないということになり身体障がい者になっての不満も帳消しになるのが現実であった。

『二十四の瞳』（壺井栄）にも漁師の磯吉青年が失明する。広く読まれているのでこの話も引用すると子供たちにもよくわかるようだ。

磯吉の同級生ミサ子が「生きてもどっても、めくらではこまりますわ。いっそ死ねばよかったのに」と磯吉のことをいう。先生は「誰が磯吉をめくらにしたか」「もう逃げてはいられない」とばかり強くたしなめる。

五人の男の子のうち三人は戦死。残ったひとりも盲となり、七人の女の子のうちひとりは死に、ひとりは消息もしれない。

「だれが磯吉をめくらにしたのか」このことを作者は書きたかったのであろう。再軍備熱が起こった一九五二（昭和二十七）年の作だが強い戦争否定の思いが貫かれている。

一九五四（昭和二十九）年松竹で映画化（木下恵介監督、高峰秀子主演）で大ヒットした。「まず試写室で映画ずれした批評家が泣き、さらに文部大臣がナミダを流して、文部省特選映画とした」（木下監督）観客は自身の姿と純真な十二人の子供たちを重ねて見た。

父にとっては戦争の被害者でありまた中国、南方の戦場では加害者であったことを考えるきっかけとなった。

なぜSさんは資料館に託されたのか。

奥さんは「朝日新聞の『声』欄であなたのファンでした。全部切り抜いてノートに貼っておりました。戦争体験者として考え方、やり方に共鳴できる。このように常々申しておりました」と書いておられる。まことに有難い父の読者であった。読んでいただくだけでもお礼申し上げなければならないのに命がけの戦場での大切な思い出の品々をそっくり寄贈するなど誰でもできることではない。残念ながらご生存中にはお目にかかることができなかった。だが、Sさんと父と心と心がふれあったからこその出来事であった。

戦場で勇敢に戦ったSさんは左頬部盲管銃創で左目を失明した。「弾丸が体を貫通せずに体内に止まってできた創」が盲管銃創である。さぞ辛かったことと思う。これが死期を早めたのかも知れない。奥さんもこの一年後に自死された。戦争の傷あとは長く続く。ご夫妻のご冥福を祈る。

52 陸軍大臣東條英機の名刺

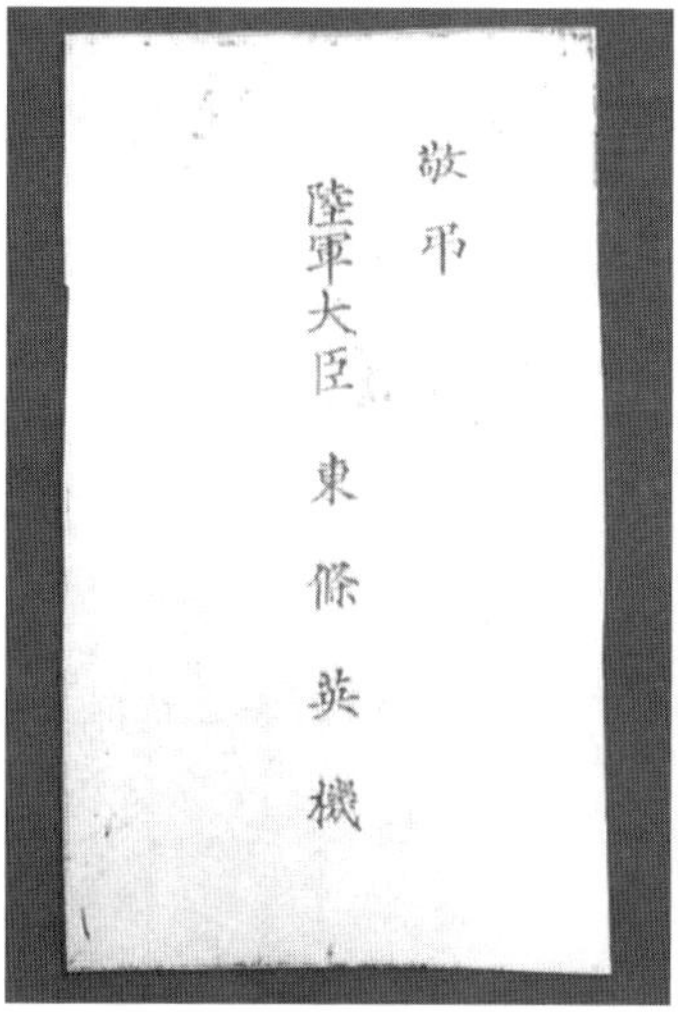

敬弔とあり、戦死した遺族に部隊長が代理でこの名刺と祭粢料を持参した。

東條英機（一八八四〜一九四八）は岩手県出身。陸軍大将。日中全面戦争の突入に至って、事変拡大論を主張し自らも三個支隊を率いて出動。昭和十三年陸軍次官。昭和十五年陸相兼対満事務局総裁。その勤勉な仕事ぶりは「かみそり東條」と称された。仏印進駐・南方作戦の準備を推進し対米開戦論を主張。昭和十六年大将に昇進し首相に就任。内相・陸相をも兼ね、昭和十九年二月参謀総長兼務、同年七月首相を辞するとともに予備役。敗戦後、A級戦犯として指名され昭和二十三年十二月に刑死（日本陸海軍事典参照）。

53　陸軍大臣板垣征四郎の名刺

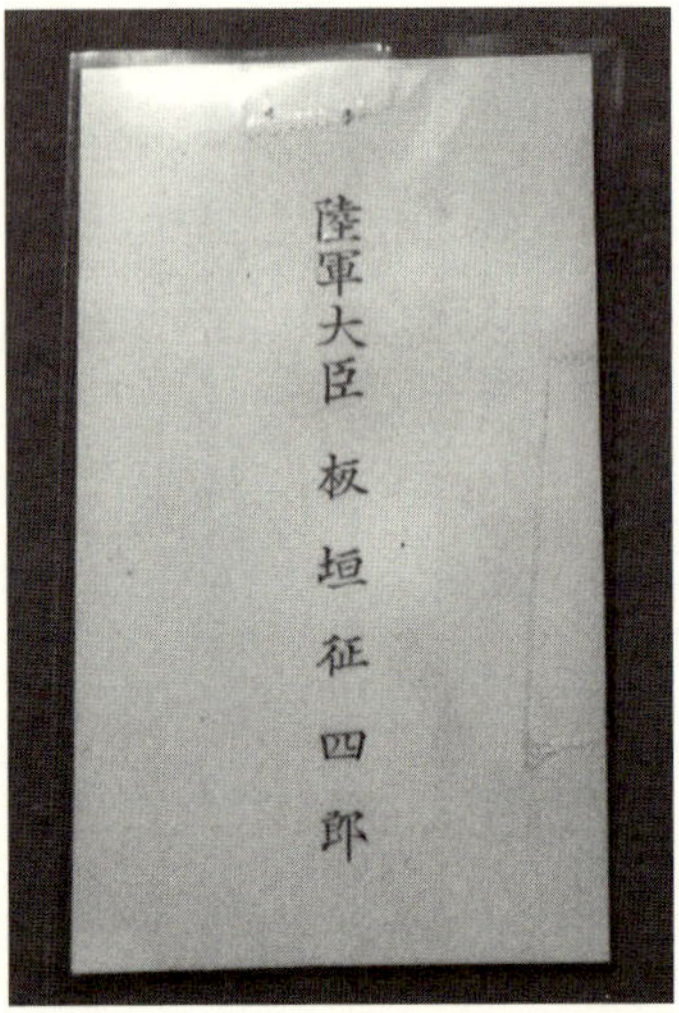

石原莞爾とともに満州建国の立役者。戦の石原、実行の板垣と言われた。関東軍高級参謀として石原莞爾とともに満州事変を決行し、大東亜戦争においては第七方面軍司令官として敗戦を迎えた。

戦後はA級戦犯として東京裁判において死刑判決を受け処刑される。

54　戦地で作った追悼録

父の中隊で最初の戦死者が一九四二（昭和十七）年一月十七日、パレンバンで戦死の石坂茂准尉。戦友愛とは一緒に酒を飲んだり、騒いだりすることではない。また文章の上手下手ではない。書き残さねばならない。彼の死を意義あらしめよう。こう決心。中隊長の許可を得て初年兵に至るまで隊全員に呼びかけ原稿を集める。昼間は平常の軍務がある。夜の寝る時間に本づくりをする。延燈許可を取り、使役兵に加勢してもらいガリ版切り、印刷をする。公務員など入隊前にペンを持った兵士が役立つ。紙は野戦貨物廠長に直訴し特配を受けた。

ある時は月の光に照らされて徹夜したことも。手探りの有様ながら四月にようやく出来上がった。

謹啓

右は山間地の農家の私の三男に生まれ、修養も学歴も無く、唯労苦に耐うる心身の所有者なり。村に未だなき航空隊に志願し、其の道の訓練を受けしのみにて候。

此の度の戦没に際し、数々の戦況事情、弔意の言を拝聴し、且又、上官、戦友の純

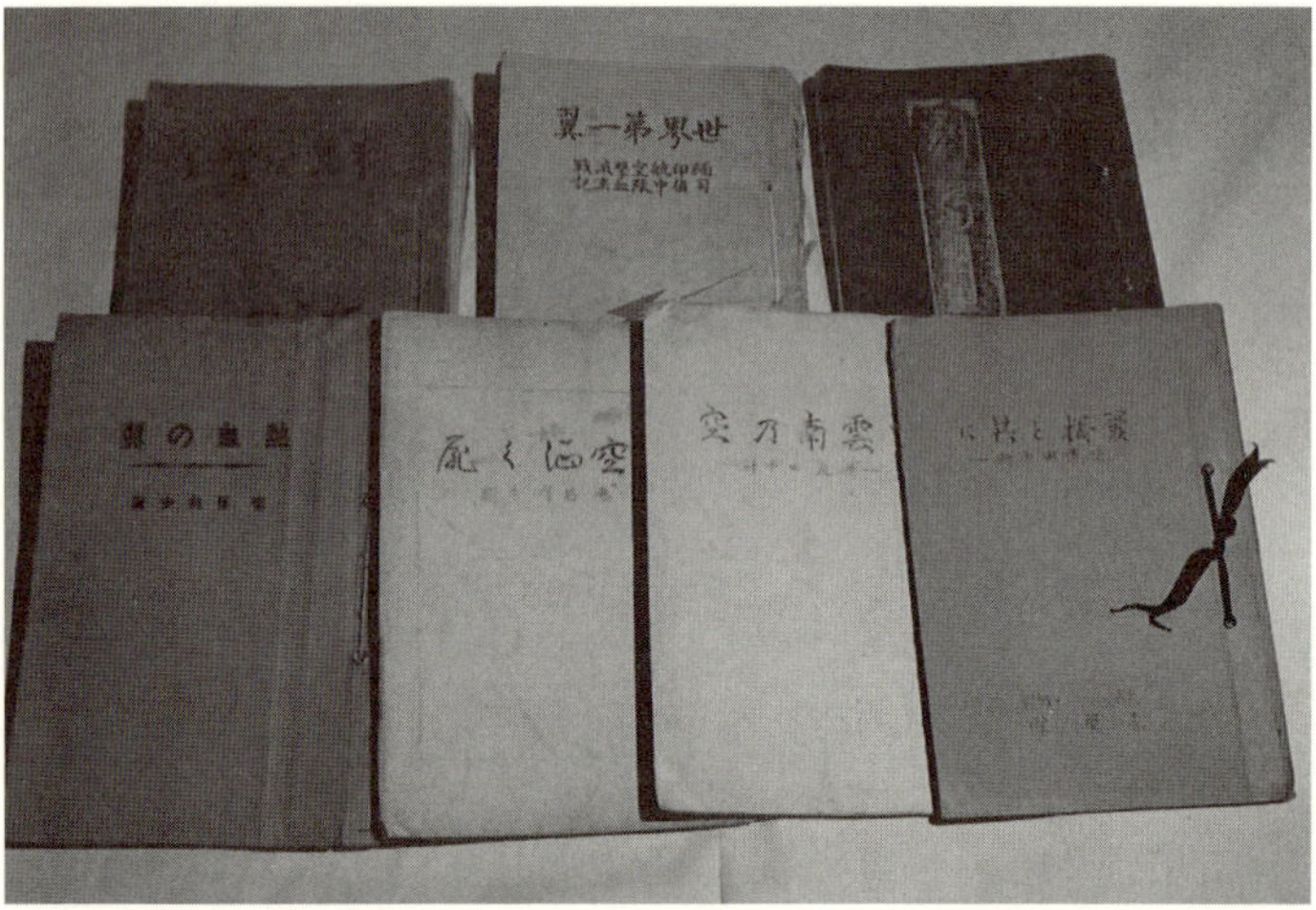

情文集『別れ鳥』を給わり、披見し感涙に咽び申候。

右は弔慰者の見に供し、霊前に供え、又航空思想普及の材料ともなし、家宝として永く保存仕候。（後略）

昭和十七年六月十日

父　石坂辰三郎

森屋隊御中

栃木県の父上に本を送った礼状である。この山村からも多くの戦死者が出た。いずれも戦死公報一枚だけだった。それだけ故人の陣中での様子など詳細に記した追悼録は遺族の方にいくらか心情をお慰めすることができたのである。

礼状を兵隊みんなに読み聞かせたところ反

響はすぐ現れた。「こんなにも喜んでいただくとは……」古参兵の代表も来て「今度は隊のマレー・ジャワ作戦の戦史を作って下さい」

立派だったのは中隊長森屋正博大尉。内地へ出す軍事郵便葉書一枚でも検閲する軍隊で手製本を出すなど考えられないことであった。だが、父が庶務班長で事務一切を任されていたせいもあり、あっさり許可。同年七月のノンフィクション戦記『南空を衝く』は原稿検閲もなし。海軍批判、オランダ娘の脚線美やバンコク裸踊りのイラスト入りである。父の同年兵副島種政兵長は副島伯爵家の御曹司。父上の道正伯はオリンピック委員。「高松宮にお見せしたいので一冊送って」と手紙が来た。一部書き直したらとの意見も出たが、父が「雲の上の方だから実情を知らせたがよい。書き直しはしない。処罰されるなら私が受ける」と申し出たら、中隊長は一言「よし!」結局何もお咎めはなかった。

ビルマに転戦しても本づくりは続けて追悼録五部、戦記二部の計七部が残った。敗戦時皆は焼いてしまったが、父は本が出来る都度、祖父の操に送っていたのでちゃんと残っている。

55　レイテ島の遺品――一枚の木札

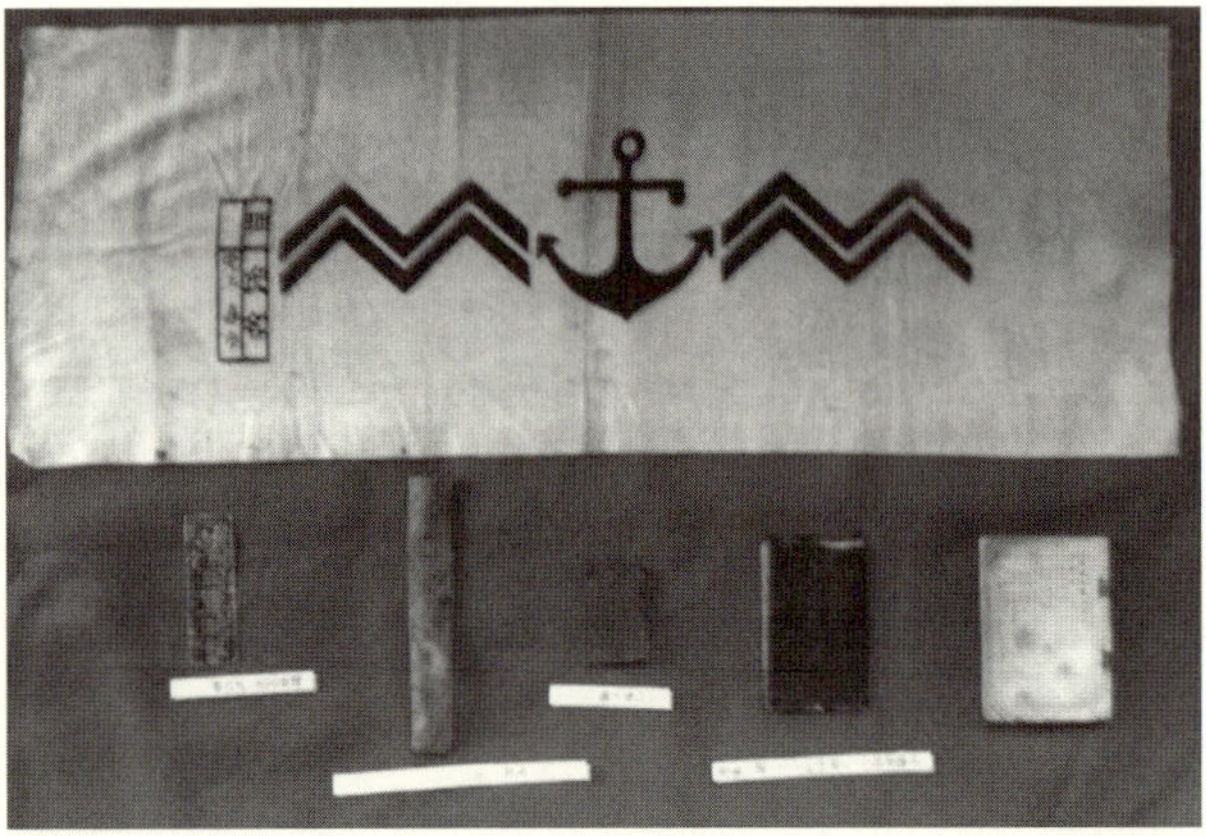

毎年十月に「レイテ島遺品展」を開催している。当資料館でもこの企画展への来館者が年間通じて一番多い。人気の企画展である。

レイテ島の戦いは一九四四年十月二十日から米軍が島に上陸を開始し激しい戦闘が繰り広げられた。日本軍将兵八万四千人のうち八万千五百人が戦死したと言われている。

戦勝国の米軍兵士たちは戦利品として、戦死した日本兵の所持していた日の丸の寄せ書きや字の書いてある木札等を持ち帰った。

ある米軍兵士が七品の日本人の名札入りの遺品を収集して自宅に保管していたが病死。その息子の日本人妻が青森県のいとこの男性に遺族を探してと依頼。男性はたまたまネットで当資料館を知り名札七品を郵送にて寄贈。遺品展で展示した。民放のテレビ局が取材。一枚の木札の裏に住所が書かれていたのを担当ディレクターが注目。さっそく宮崎県在住の遺族を探し出した。木札の主の弟さんが戦死した兄の代わりに家を継いでおられたのである。六十九年ぶりに名札の主は自宅に帰還することができた。この六年前の奇跡的な出来事は霊のなせるわざではなかろうか。

56　ババル島事件関係綴

一九八六（昭和六十一）年、北九州市の小倉井筒屋で戦争展を開いている時、ある人が古ぼけた書類綴りを持参。開けてびっくり。『ババル島事件関係綴』とあるがその島の名は初めてだった。

インドネシア東端の小島、ババル島で住民約五百名を日本軍が虐殺したことを記した第五師団司令部作成の極秘書類であった。「閲覧ヲ禁ズ」表紙右肩に朱書きされ「参謀本部」とある。昭和二十一年一月十七日付、歩兵第四二連隊第十二中隊長田代敏郎大尉から第五師団長宛「ババル島事件ニ関スル件報告」で始まるが、参謀部受付は一月二十二日陸軍罫紙四枚の内容。師団長、参謀長、参謀の花押また捺印が欄外にある。

昭和十九年十月二十七日、ババル島エンプラワス村で原住民に篠原海軍嘱託以下四名が殺害され、すぐ全島で暴動化。二十九日憲兵、水兵二名殺傷。兵器、被服など奪われる。十一月三日、第一回討伐。住民百人を銃殺及捕まえ」十一月十一日から第二回討伐。同月二十日、村長以下四百名帰順」してきた。だが、この「土民四百名ハ現地ニ於テ銃殺」された。

理由は「侮日的傾向極メテ濃厚ナリシト日本軍ニ対スル反逆事件ニシテ他部落トノ

関連モアリ将来ヲ戒ムル為極メテ重罰ニ処ス」「他部落村長モ徹底的処分ヲ要ストノ意向」を漏らしていたからとしている。これに対し師団長は「所見として青鉛筆で「重罰ヲ課シタルハ誰ノ命令カ」「婦女子迄連坐罰ヲ課セル理由？」など記入「要検討」を指示。「第二回検討」として広野憲兵少尉が二十一年二月十二日付「田代大尉報告ニ基ク42・j長ノ報告」としガリ版刷り六枚を提出。十九日受付し最後は「第三回審査」陸軍用箋十七枚、附図一枚となって総括されたがその間連絡便が三通。

吉川章連隊長の二月十九日付連絡に対し参謀は赤鉛筆で次の指示を与えた。「設想、反乱ハ敵ト連絡ノ疑濃厚ニシテ速ニ処理セザレバ敵ニ乗セラルルノ虞大ナリ」「果敢ナル行動ヲ以テ之ヲ処理」とあり欄外に「処理トハ宣撫工作ニ依ラス戦闘行動ヲ主トスルノ意」。回答のヒントを与えたものだ。

篠原嘱託は海軍錦部隊として煙草買い付けに当たっていたが口論して村長を殴打。激高した村長は小刀で篠原の腹部を刺し、他の者が村長の両手、足部など滅多切りし、肛門に槍を突き刺し絶命させる。部下のインドネシア人三名も逃げたのを捕まえ殺している。

第五師団は広島編成。シンガポール攻撃で武勲をたてた最精鋭兵団である。当時師団長松井太久郎中将、参謀長河越重臣大佐。参謀緒方捨次郎中佐、同本政継中佐、同

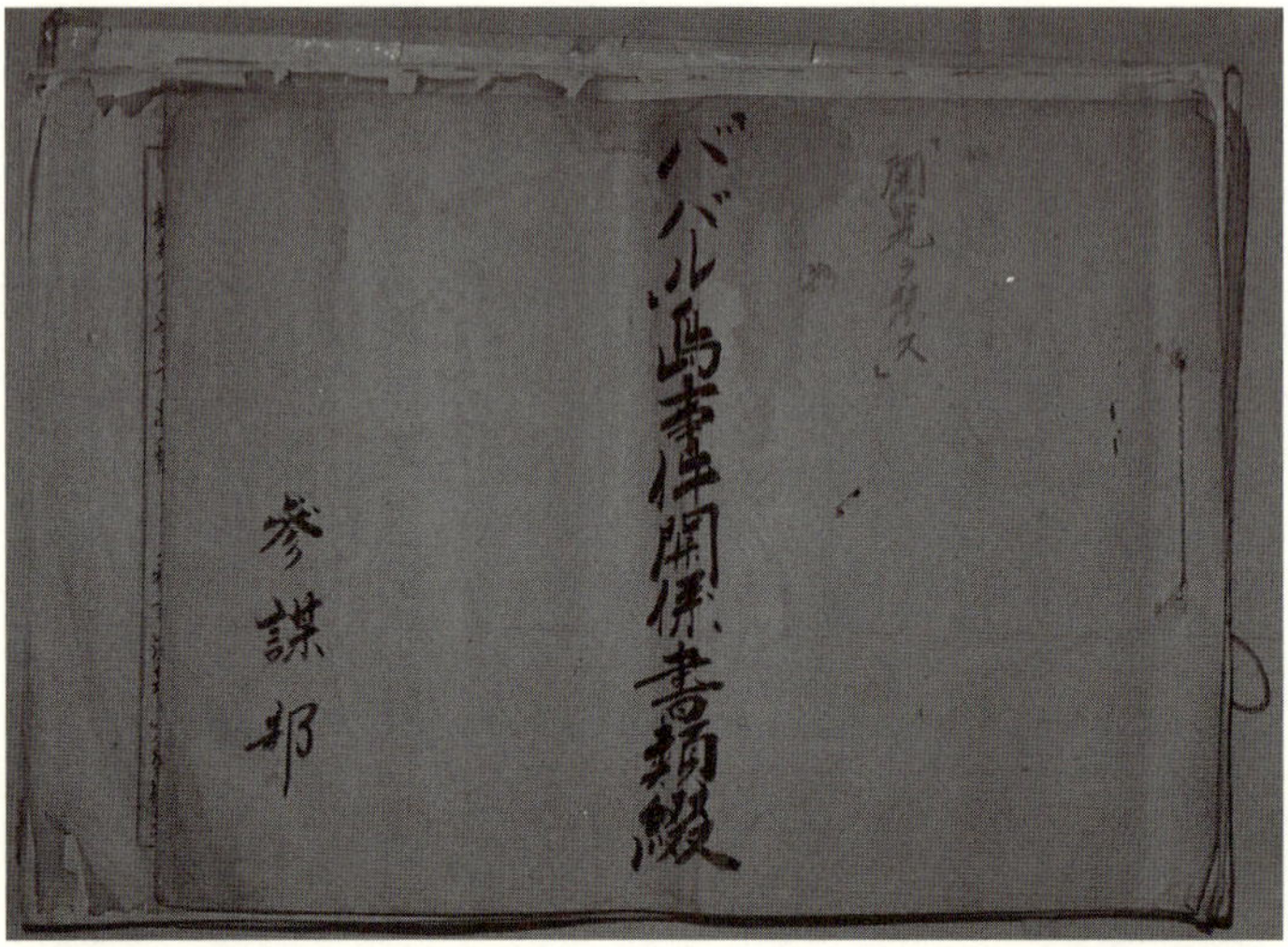

山中徳夫大尉、四十二連隊長安藤忠雄大佐。歴戦の後、豪北防衛の接点タニンバル諸島の警備に当たる。こことチモール島の中間地帯に於ける前進拠点の設定と敵情監視の目的で、キサル管区の主島ババル島に陸海一部兵力が派遣されたのが十九年二月、住民は性格が伝統的に闘争心旺盛。地形も死ノ岬（マテ・タンジョン）の地名があるくらい峻険。豪州に近く敵潜、敵機の出没が頻繁。日本敗戦を宣伝した伝単を住民は妄信。排日的風潮が強いという情勢があった。

何とこんなことをやったのか？　半信半疑で父は元隊員に会い聞き取り調査をし、事実と確認。師団ぐるみで戦犯訴追を免れるため嘘の文書を作り、皆が逃げ帰っている。部下から戦犯を出さないということより上級者の監督責任を問われるのが困るということではなかったのか？　住民の犠牲者もほんとうはもっと多いのではなど疑問点が出てきた。すでに事件後四十一年が経過している。だがはっきりさせねばならない。伝統のある五師団のため惜しむ。

日本軍が去って四十六年ぶり、一九九二（平成四）年、村井吉敬（上智大学教授）、内海愛子（恵泉女子学園大学）、大村哲夫（朝日新聞記者）の三氏が同島を訪問。犠牲者数は七百四名。一九四六（昭和二十一）年慰霊碑建立。毎年十月五日慰霊祭実施。慰安婦要員連行などの新事実がわかった。

57 X時間の日――ベトナム人二百万人餓死事件

南方派遣陸軍の全体を統率したのが南方総軍司令部（司令官寺内寿一大将）であった。飛行第八十一戦隊からの司令部配属機は偵察金子勝之助中尉で父の戦友であった。以下その見聞である。

一九四五（昭和二十）年、大本営は米軍が仏印に上陸する場合を考え、どんな事態にも仏印を動揺させない措置を取るため、万一の場合は仏印を占領するよう南方軍に命令した。懸念されていたのは仏印の敵性が日々露骨になってくること。三月上旬、仏印の全機能に全面的かつ忠実に協力する旨即時指令することをドクー総督に要求したが拒否された。それで予定通り仏印戡定・明号作戦が発動された。X時間の日である。第三十八軍（土橋勇逸中将）が占領開始したのでハノイ地区の作戦行動を見るため和田参謀を乗せ、サイゴン飛行場離陸。十時にハノイ飛行場着。

「飛行場から宿舎に向かった。市内まで約八キロ。道路の両側の歩道上に多くの人がうずくまっている。餓死者の行列だ。動いているのは荷車で死体を片付けている者たちという。なんとも異様。こんな光景を見たのは初めてで、大いに驚く。宿舎の二階で昼食をとったが、食事中に窓からスーッと人の手が伸びてきて食べ物をくれとい

ハノイ近隣諸省の人々は助けを求めてハノイにやってきた
ハノイ市内のハンザ市場には人々が救援物資の支給を待っていた。多くの人々が食糧を受け取れずに、死んでいった

グラビア

うしぐさ。その顔はまさに幽鬼の顔。どうして二階まで手が届くのかと窓側から見ると道路からピラミッド型に人垣をつくっている。その生への執着にすっかりショックを受けた。何ともひどかった。

日本軍によってベトナム人のコメが収奪されていたので二百万人も餓死者が出たという。奪ったコメは日本へ送られた。ベトナム人の犠牲で日本人が生きのびたのであった。私は驚きを通りこし、軍への不信が怒りになった」

一九七三（昭和四十八）年、元八十一戦隊文集「つばさ」に金子中尉の体験記掲載。一九七五（昭和五十）年作家早乙女勝元さんが証拠写真を入手し初公開。父も朝日新聞『声』」欄に「ひとつの証言」と題して投稿、早乙女さんに頑張ってと励ましの言葉を贈った。

58 陶製手榴弾（とうせいてりゅうだん）

歩兵が手で投げる爆弾であり、細かい破片となって飛び散り、敵を殺傷させる。

一九三一年の九一式は表面にギザギザのついた筒状で、全長十二・五センチ、直径五・一センチ、重さ五百三十グラムで、うち黒色火薬は六十二グラム、手または口で安全栓のピンを抜いて靴や地面で撃針を叩いて投げる。七〜八秒後に爆発するが、あまり早く投げると、敵が拾って投げ返される心配があった。小銃の先につけて撃つと、最大百十五メートルまで飛んだ。

本土決戦が叫ばれた一九四五（昭和二十）年春、金属不足のため、陶製（焼き物）の球状手榴弾も大急ぎで大量生産された。直径八センチ、重量四百五十グラムで、遠くまでは飛ばない。焦げ茶色の釉を塗ったものと塗ってないものの二種類があった。硫黄島の戦いと沖縄戦で使われたとの証言もある。

（日本陸海軍事典より引用）

59　大下敏郎陣中日記

この日記は戦後の回想的記録ではない。戦闘中は短冊型の紙に記し鉄帽の中に保管。戦いすんで、乏しい燈火の下、時には月の光に照らされながら認めたものである。中南支の奥地の山間の町で紙を探し出しては、丹念に記入。雨に濡れ文字が滲んだり、紙が破れたりしたところもあり、それだけに生々しい。

戦死した友への悲しみ、家郷を偲ぶひととき、周辺の風物に寄せる感懐など。遥かな異国を征く兵士の本音がこめられ戦争を考える上で貴重な実物資料となっている。

行軍、戦闘、設営、この繰り返しがどこまでも続く。体は疲労困憊、こんな時に手帖に文字を書くなど実はなかなかできない事だ。小休止ともなると路傍にどかっと腰をおろし、寸秒でも休み、重さを減らすため私物はほとんど捨てる。

大下さんが医務室勤務の下士官であったことも幸いしたが、一番はご本人の不屈の信念のしからしむるところで敬服する。

特に帰国の際、中国側の持ち出し禁止令にあえて背き、装具の中に潜ませたり、自身が腹に巻いたりして見事持ち帰りに成功した。見つかれば処罰。部隊の乗船は取り消しになる。まさに命がけの行為だ。その執念と勇気、よくぞおやりになりましたねと称賛したい。

大下さんの所属部隊は正式名第十二師団、第四兵站輜重兵中隊。通称号は中支派遣呂第五三八七部隊である。久留米編成の郷土部隊で一九三七（昭和十二）年出征。北、中、南支と歴戦。一九四六（昭和二十一）年復員。この間に戦死者百六十三柱。大下さんは一九四二（昭和十七）年から中、南支に転戦した。戦争末期には南支広東州の西にある南寧から中支武昌の東、揚子江に面する武穴まで約千二百キロを五十日かかって行軍している。

輜重（しちょう）隊とは軍隊の裏方部隊である。作戦軍に兵器、弾薬、食糧などを送るのが任務で各師団に配属されるが独立中隊である。独立中隊なので警備、戦闘、設営も自前。隊長は中尉だが人数は四百人と多い。

日記は一九四四（昭和十九）年七月十一日から一九四六（昭和二十一）年六月十七日までのほぼ二か年分残っている。そのうち敗戦日を挟んだ一九四五（昭和二十）年一月二十九日から同年十月十二日までの分、広西省と湖北省でのものに劇的展開がある。

輜重隊については明治以来偏見と差別があった。「輜重輸卒が兵隊ならば蝶々トンボも鳥のうち」と軽蔑されたくらいだ。一九三一（昭和六）年輜重特務兵と改称された。幼年学校出身者は自らをK・D（カデ）と称しエリート中のエリートと自惚れていた。

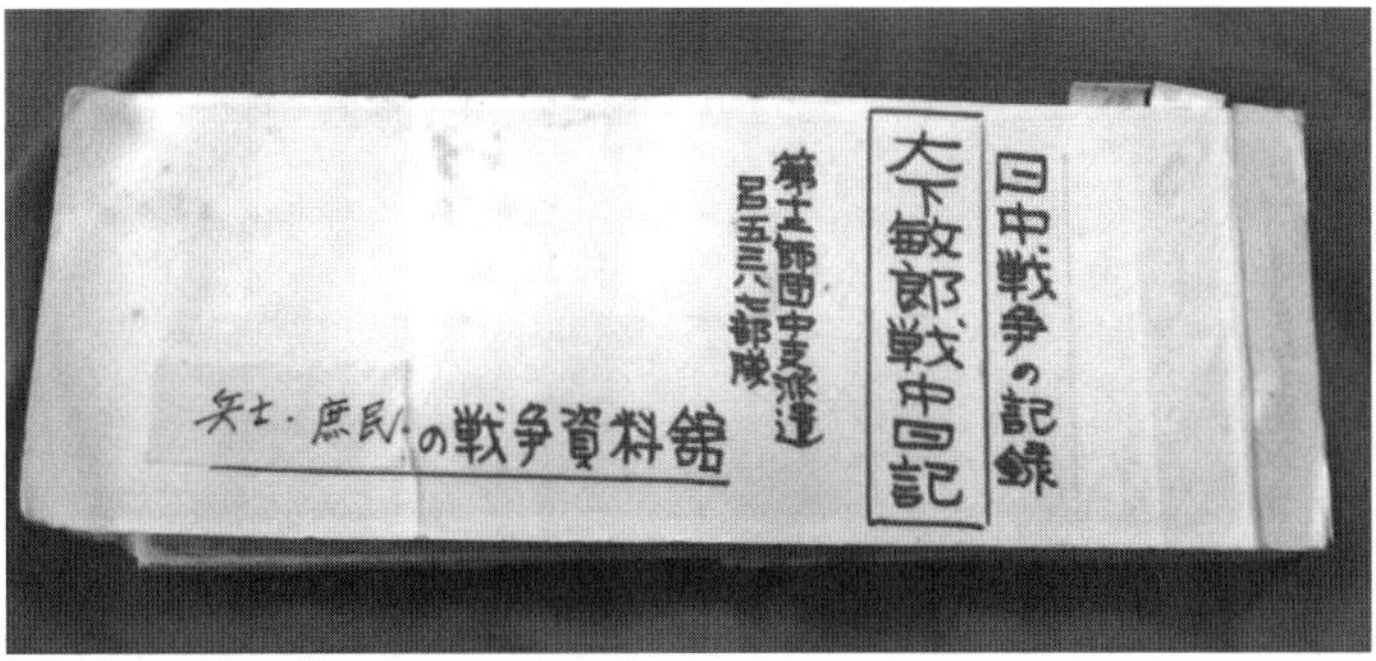

幼年学校出身者を輜重兵科に編入したら誇りを傷つけられたと自殺した。それ以来幼年学校出身者は輜重兵科には行かなくなった。

第三師団配属は一九四四（昭和十九）年六月で解かれたが抜群の働きが認められ軍司令官から感状を授与されている。異例で希少例だけに特筆すべきことである。

日記の特長

一、ありのまま

正直で率直。自身のことも含めて赤裸々な描写である。ここには生きた兵士の姿がリアルに描かれている。誰しも日記となるとエゴが働くものだがそれがない。兵士の自殺、ゲリラによる虐殺、逃亡、戦死、病死、負傷、徴発、馬盗難、兵舎火災、捕虜生活など様々の姿がここにある。殺すか殺されるか、即ち生きるか死ぬか、二つに一つの戦場、意外なことも起こるし、キレイごとではすまない。その折々の心の動きもわかる。

二、姿勢

上官の行動も冷静、正確に観察し記録。

「二〇年三月二十五日　軍医、砂塘の連隊からの帰途、敵襲に遭い大腿部貫通銃創受けしと聞く。宮崎看護長急行する。大きな洞窟のある岩山の先で看護長率いる担架隊と逢う。担架を自分も代わってかつぐ。揺れると痛い、痛いと泣く。これが栄えある皇軍の将校か？

「二〇年八月七日　軍医、赤痢に呻吟。泣き声、蚊を団扇で払いながら泣きに泣く。これが軍医か、大阪人の故か」次の文は日記の総括とも言うべきもの。大下さん個人だけではなく、多くの兵士の本音というべきだ。

「戦いとは天皇や国の為でなく生きる為です。
戦いとは歩くことです。
戦いとは飢えることです。
戦いとは眠いものです。
戦いとは偸盗戒、邪淫戒を忘れることです。
一兵走りて戦場始まる」

三、人間味

大下さんは俳人であった。陣中でもよい句を作っている。できている。目のつけどころ、自然の描写が光る。それだけに文章もまた簡潔で適切、臨場感溢れる独特の文だ。

悠久の歴史を秘めた大陸。古くはシナ戦国時代、楚の憂国家屈原が身を投じた汨羅（べきら）の渕なども通り詩心湧くものがあったようだ。汨水（べきすい）は湖南省湖険県の新市を流れる川で湘江と合流するところ。屈原は中国の古典「楚辞」にその名を留めている。

銃撃の　土浴び伏する　草いきれ
向日葵の　にらむ野に兵　帰り来ず
かなかなや　落暉をあびて　死の担架
寒林を眼輝き　苗走る（苗は苗族）
紅葉舞い　弾丸飛び交いて　生死谷
死期迫る　兵に苦瓜　すまし汁
秋風や　壁に大書の　東洋鬼

読売西部俳壇のベテラン投句家で月間賞九回、俳壇賞を受賞したこともあった。一九九六（平成八年）逝去後、俳壇選者穴井太先生は総評欄で特に哀悼の意を表されている。

戦後の句に

妻と居て　秋深き夜と　思いけり
朧夜の　還らぬごとく　終列車
山笑い　遂に吹き出す　萌黄色
立春や　ゆきひらの粥　ふきこぼれ

四、難民保護

「二十年八月十日　画営林～大平舗

他部隊、姑娘をつれた我が部隊に注目す」

姑娘、小孩（しょうはい）など六、七人ずつ部隊で広西省、社沖から衛陽まで約五百五十キロを九十日余で行軍中に同行した。

「漢民族ではなく広西省の種族」と話しているが苗族のことであろう。戦争の拡大とともに郷里に住めなくなり放浪して部隊に保護を求めたもの。隊内に起居、家族同様の待遇だが姑娘の場合も兵士も若いので当然交渉を持つことになった。敗戦後の八月十八日衛陽で軍命令が出た。「零陵～祁陽間ニ於テ隊ニツイテクル女ハ放スベシ」解放したものの、「女らはこれから生命財産の危険や、あらゆる迫害を彼女ら自身で護り、もとの避難民として湖北、湖南省への放浪の旅に戻らねばならないだろう」「彼女らはすぐに去ろうとはしなかった。そして庇護してくれるところに帰るべくして帰った。そして、一人は哭き、一人は黙って暗闇に立っていた。わが心違うとしても、天を仰いで心に哭かん」従軍慰安婦とは違う存在で、これは独立中隊であったからできた。また、堤亀一部隊長の判断によるものと思われる。堤さんは科学者。復員後、一九四七（昭和二十二）年佐賀県警に入り、以来約二十九年間を鑑識畑で暮らす。老女殺人事件で被害者が握りしめていた数本の毛髪から血液型を判定、事件解決に導く。また、白骨死体の着衣の腐り方から死亡日時を推定するなどし、医学博士号を受けている。科学捜査の神様。警察庁長官から賞詞二回、知事、科学捜査研究会などから十二回表彰。一九七三（昭和四十八）年佐賀新聞文化賞、一九九三（平成五）年逝去。

「八月十九日　零陽で詔書伝達。重要書類焼却。約四十キロ北の祁陽渡河点で順を待ち真夜中頃渡河。川は湖江の上流で川幅約百メートル、予め示していた通り重火器班が、泣きながら追撃砲、重機関銃など河中に投棄していた」

湘桂作戦

大下さんの部隊が参加した作戦の詳細を辿る。

一九四二（昭和十七）年四月十八日、本土初空襲のノースアメリカンＮＡ４０Ａ双発爆撃機十六機は目的を達し東シナ海と日本海を越え大陸へ。日本軍非占領地域に十五機が墜落または不時着。非常なショックを受けた大本営は本土空襲の可能性ある中、南支地区飛行場を占領すべく派遣軍に下令した。第十一軍に属していた堤隊も参加した。

正式名は大陸打通作戦、また一号作戦。期間半年、参戦兵力十七個師団、六旅団。空軍一個戦隊、戦車一個師団、騎兵の全力を投入した一連の大作戦で、太平洋戦争四か年を通じ最大かつ最後のものであった。支那事変で五十一回の作戦が行われたが総計三十五個師団、戦病死者数百十五万柱。代表的な一九三七（昭和十二）年南京攻略戦が七個師団二旅団であったから一号作戦の規模が倍以上も大きいことがわかる。

黄河河畔の覇王城を起点とし京漢線の南端を征し、進んで長沙から衡陽・桂林・柳州を通り南寧に抜ける千四百キロの連続進行戦だ。

よくもこんな大遠征を考えたものだが驚くべき大作戦だ。戦略的理由が三つある。

一　超重爆撃機Ｂ29の本土空襲に備えるため中、南支方面、成都、衛陽、桂林、道川などの空軍基地を覆滅すること。一九四三（昭和十八）年十一月台湾の新竹への初空襲は試演。本土空襲の近いことを示唆していた。状況切迫に大本営は愈々乗り出すことにした。空軍なら空中からの攻撃が常道だが、わが在支那空軍は僅か二百五十機程度に過ぎず使えない。次善の策として基地占領作戦ができた。

二　何処かの戦線で日本軍の勝ち戦を内外に示す必要があった。戦局の前途に国民は不安と疑念を深めている。滅入ってしまった人心を振作する機会にならねばならない。

三　雄渾な一大物語。一言にして言えば東京とシンガポールを鉄道でつなぐという考え方。海の交通への信頼感を陸軍が失くしてしまい、陸軍自らの手で日本と南方との陸路直通をやり遂げようという野心の現れに外ならぬ。

湖桂作戦こそ中支派遣軍のみならず日本軍に課せられた一戦であり、大陸縦断こそ太平洋戦争の最後を飾るにふさわしい大作戦であるといえる。

「にもかかわらず、更に実地の印度、ビルマと支那との国境に近き昆明附近の実地からＢ29の大型超高空爆撃機は出撃して行った。それを眺めては、我等は切歯扼腕するも如何とも為し難かった」（かぶと隊戦友会文書。）

これが実際で、中国大陸から仏印を通り、南方圏に通ずる陸上交通路は開設されたが、本作戦の主眼である航空基地を地上部隊が覆滅するのは不徹底であり、効果は少なかった。

むすび

中国は広い。人が多い。歴史も古い。外国と戦争をしなくても国内で長く内戦が続いた。今度の戦争で初めて勝ったが、それまで連戦連敗、それだけに考え方、やることが多様で、日本人のように単純ではないということを知るべきである。

敗戦の前後で日中両国民の態度がどう変わったか。大下さんの戦友の体験を戦友会誌「思い出の記、かぶと隊」から教訓としてみたい。

「広西省、雲南省の住民は精悍そのものであり全く油断も隙もあったものではない。駐留中でゲリラや少人数での徴発行動中における不慮の損害数は、作戦行動時よりも遥かに凌駕している。現地住民の敵愾心は強く、自衛組織もあなどり難く、性質は狷介であった。痛ましい事項であるが、広西省地域でわが軍の犠牲者は素っ裸にされてしかも首を切られるのがこの地域の特徴であった」

（江島正春）

「広西省では白崇禧という将軍が統領です。誰もが白将軍を崇拝して、将軍の言葉を信じています。将軍は私達住民に言いました」〈日本軍は間もなく攻めてきて広西省一帯は全部占領される。けれどもそれは一時的のものである。恐らく半年も辛抱したら日本軍は戦いに負けて総退却するはずである。だから住民達は戦禍を避けて、西方の雲南省方面に退避していなさいと〉

まさに広西軍閥の統領白将軍は日本軍の敗戦近しを予言していたのである」

（江島正春）

敗戦後の最大の関心事は中国側への馬輸送があった。軍馬輸送作戦とも言ったが総数約一千頭を六百五十キロ離れた秦和まで一か月かかって運ぶ。隊からは二百八十余頭を二百九十余名で参加。辛酸をなめて往復を果たしたがその時の思い出は痛切だ。

「夜になると住民の掠奪に遭って毛布や靴など盗まれるので、中国兵に援助を求めた。」

「中国軍の兵舎があった。その兵舎から我々の行軍を眺め侮蔑の言動をあびせられた」

「実地に行くにつれ街を通ると住民の罵声や投石を受けることが多くなった。併しこの住民も家を焼かれ、親兄弟も殺傷されたのではなかろうかと思い直して、我慢に我慢を重ねて耐えてゆくより外に仕方がなかった」

（岡　登）

「町に入ると多数の民衆が集まり、無抵抗の我々に東洋鬼その他の悪口雑言、つばをはきかけ、投石を繰り返し危険であった」

（中村大朗）

「二十年十月十一日、不寝番の申し送りに、馬一頭盗まれたとあって、全神経集中」

「二十年十月十二日、武穴鎮、蜜柑や白い豚の肉塊が狭い石畳の店に並べられ吊られてあった。その中を日本軍が行く。馬の尻尾を胡弓の糸にと小孩が引き抜く。銃も剣も持たぬ我が隊が堂々と堤防を南下、正に中国万歳だ」
捕虜生活で農耕手伝い作業をした村は「湖南省広済県郭祥村」が正式名。郭一族から成る村で千年の歴史があるという。
「私はふと、銃も持たず、帯剣もしていない丸腰」の自分を見て、何キロも歩いて来た自分を見て思わず「そうだ、戦争は終わったんだ。平和になったんだ。平和はいいなぁ」とつぶやきました。戦争中は少し遠い所へ行くのに、それこそ厳重に武装せねばならなかったのに、こうして平和になると、こんな丸腰で何キロも何キロも歩いてもなんともないのだ。平和はいいなぁ、平和は大切なことなのだと心から思ったことでした」

（峯脇清重）

「隣の歩兵大隊の駐屯していた部落では野菜が減るので、夜間部落民が潜んで警戒しているのを知らず、盗みに来た兵が菜っ葉一本引き抜いたところを見つけられ、二、三人から叩き殺された事件があった」

（市田新一）

「農作業に経験のある人と、ない人がいて、雇い主もいい家庭と、そうでない家や、食事のよくない家等があって一律にいかなかった。一番端の家に行く人が約束の一日十本の煙草をくれないと言うので、私が交渉に行くと、片言交じりの日本語を話す青年を交えた十人ばかりが私を取り囲んで『何を文句を言うのか。あの部落を見てみよ、みんな日本兵が焼いたじゃないか。この部落も荒らされて牛、豚、鶏等みんな取られてしまったじゃないか』というようなことを言葉、素振りでもって詰め寄るので、私も度胸を決めてやり返し、結局年輩の顔役らしい人が仲にはいって、煙草を貰うよう決めたが、一寸した思い出の事件であった」

（市田新一）

「どことなく品格のある五十歳がらみのやせ型の支配人が、微笑みを浮かべながら、野原に寝転んでいる自分の側に寄って来た。話の中で私は京都帝大を終了しているので日本のことはよく知っていますと懐かしむ面持ちであった。また私はこの郭祥村の村長をしていますが、あなたたちがこの村にいてくれたお陰で、今年は久しぶりでよいお正月を迎えることが出来ましたという。毎年のように年の暮れになると土匪が米二十俵、塩十俵を場所を指定して要求し、若しこの要求に応じなければ村を襲撃すると脅迫されていたとのことである。今年は何の要求もされず助かりましたと相好を崩して感謝していた。自分達もこの村にとって歓迎されていたのだと判り嬉しかった」

（小田省三）

黒澤監督の『七人の侍』の世界が、まだ中国の農村には残っていたのである。

「五月十八日午前六時、月明かりの村はずれの広場に集合した。お世話になった各家の人達が夜中の二時というのに集まって、泣きながら別れを惜しんでくれた。なかには堤防迄ついて来て見送ってくれた家族もあった。逝く春の淡い月光が敵、味方の恩讐を越えて結ばれた友情の惜別を一層深めているようであった。

（堤亀一）

ともあれ、かすかながら友好の兆しは見えた。大下さんは一九九六（平成八）年十一月二十日逝去。ご遺族は三年忌がすんだら日誌や資料類は整理する予定をされていたという。たまたま弟の大下敏彦さんから電話を頂き、日誌など一括して寄贈頂いたのであった。

戦後も七十四年。戦争は遠い日のこととなり、戦野は幻。憎愛恩親すべて夢。それだけに今この迫力ある日記に接し、リアルな戦場が蘇り強い感銘を覚える。

稀有の資料に巡り会えたことはまことに有難いことであった。戦争の罪の深さ、傷痕の長いこと、悲惨さ、愚かさ、そしてむなしさ、これらのことがこの日記を繙かれる方には必ず分って頂けるものと期待する。

血で血を洗った十五年戦争、彼我の兵士、庶民すべての戦争犠牲者の御霊たちよ安らかなれ!

60　特攻隊員の遺書

思い出すのは幼い頃の
母の背中よ　水色星よ
蛍　飛ぶ飛ぶ　あぜ道の
遠い祭の　笛タイコ

若くして散った特攻隊員の遺書である。階級、所属、氏名もない。わかっているのは中尉を長とする九人の隊員のひとりだということだけである。

特攻隊をテーマにした映画、『月光の夏』が上映されたのは一九九三（平成五）年の夏であったが、その背景となった大刀洗飛行場の跡を訪ねた。そして甘木鉄道無人駅を利用した大刀洗平和祈念館を見学させて頂いた。

一九八七（昭和六十二）年四月、甘木市の渕上宗重さんが開設されたものだが、その際父もいささか応援させてもらった。

そのような経緯があって特に展示されてない未整理のものも拝見させてもらった。

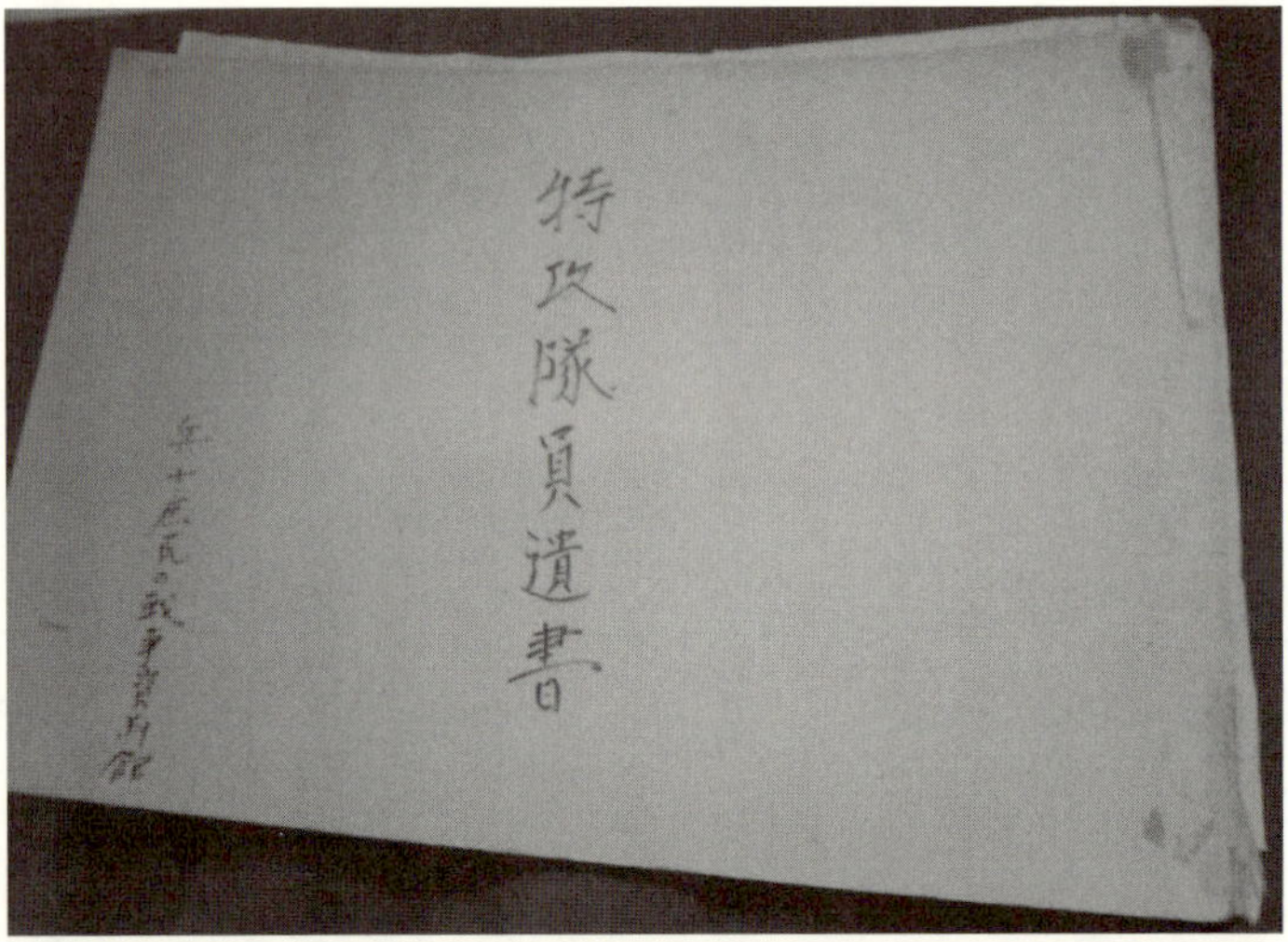
特攻隊員遺書

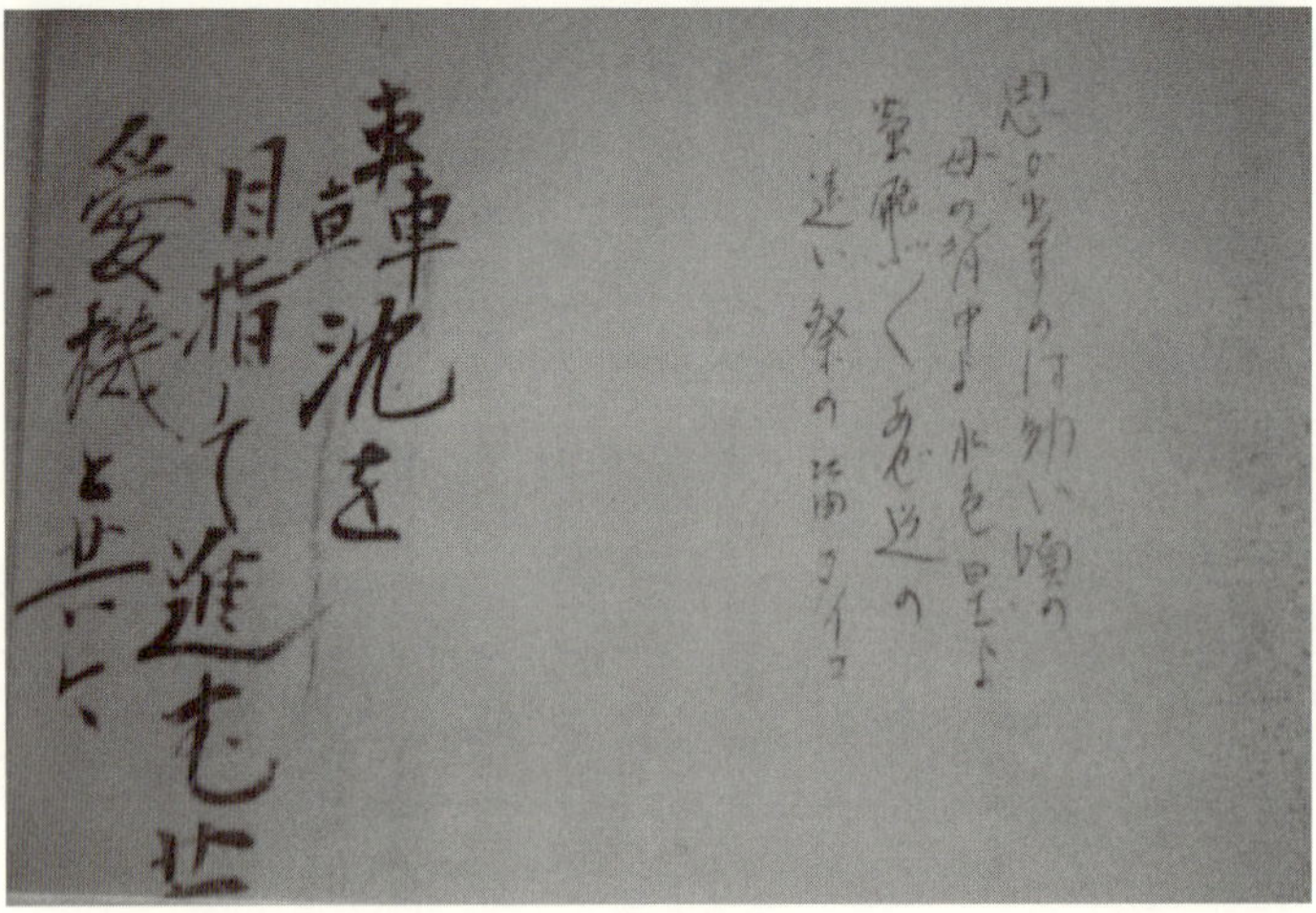

その中から前記の氏名不詳のものが見つかった。他の八名が「悠久の大義に生きん」「轟沈」等男らしく勇ましいものばかりだけに、この無記名の遺書に強く惹かれるものがあった。

推測するに農村の出身、まだ童顔の残っている素朴かつ純情の若者と思われる。戦争末期の頃は若者が空に憧れても陸海軍航空隊しかなかった。すべて戦う翼の時代であった。

往復の手紙をはじめ書かれたものはすべて隊内で検閲するのが軍隊の規則である。遺書でも忠節一筋の勇ましいものでなければいけない。有馬頼義『遺書配達人』は満ソ国境守備兵の物語でNHKテレビでも放送されたのでご記憶の方もおありと思うが、ある兵士が「死にたくない」と書いた。班長が咎め「書き直せ」。こうして勇ましい遺書が残るのである。命令と階級、絶対服従の四角四面の真空地帯が軍隊である。だがこの場合は戦争末期、しかも特攻出撃でたまたま民家に宿泊していたなどの理由で検閲を免れたのである。稀有の例といってよい。奇跡的でさえある。すべて建前ばかりが並ぶなかで本音を口に出す、また文字にするのは非常に勇気のいることだ。若い兵士の母の辿った戦後の歳月での辛酸が偲ばれる。他の者が少年飛行兵第十五期、陸軍伍長としている。年齢もまだ十八歳くらい。少年ながら自分の意思を通したのは実に立派だ。このような遺書に巡り会えて感激したし、まことに有難いことであった。福井県丸岡町が主催した「一筆啓上賞」の「日本一短い母への手紙」三万二二三六通の応募があったというが土倉清一さんの作品が印象に残った。

兄戦死、我もそのうち
母さん哀れ
二度と男（お）の子は生まないで

私の町にも兄弟そろって戦死、妹さんが家を継いで守っている例もある。この家の父上は靖国神社参拝を辞退。「昇殿記念品引換券、通知状」などまとめて寄贈された。土倉さんの文は母を思う子の心情が見事に出ている。男は皆兵隊、そして皆が果てた。母が出産可能かなどはここでは無用。親子の絆を無残にも引き裂いた戦争。まことに罪の深いことだ。私は戦争の驕慢を憎む。

徳山湾の大津島、回天記念館を訪ねた。回天は一人乗りで敵艦に体当たりする特攻艇である。学徒出身、A海軍中尉の遺書の言葉。

我が願うところは、妄執に歯ぎしりする、悪鬼羅刹たるにある。

妄執とは空、自我の真理を体得せぬことから起こるみだらな執念のことだが、「こんなことでは死ねん」という無念の思いが滲みでている。「羅刹」は「（摩羅）を切る意」淫欲を絶つため陰茎を切り除くこと。「らぎり」（広辞苑）。仏法修業者がこんなことをと思うが雪舟の「慧可断臂（えかだんぴ）図」はリアル。右臂をたち切ることで凄絶。修業の厳しさを物語っている。

遺書は戦後三十数年たちA中尉のご両親の没後に残った姉の許に戦友が届けた。戦中の発表のものとどちらが本当かと聞かれて戦友は答えた。

「戦中のは建前、これは本音です」

61　ビルマの石

母が大層喜んでおります。夢の中に出てきた兄が「色々話をしてくれた。子供の頃の思い出、軍隊での生活、戦地での出来事などを次々と語ってくれ笑顔だった」今までも夢では姿は見えても何も言わず、すぐすーっと消えるだけだったので夢ではないかと夢の中で思ったくらい。そして目が覚めて、これは先日送って頂いたビルマの石のお陰である。兄の戦死した場所のものだし、兄の魂がこもっているに違いない。兄はわが家にひさしぶりに帰り余程嬉しかったのでしょう。まことに有難いことでした。母がくれぐれもよろしくお伝えしてとお礼を言っておりました。

一九八一（昭和五十六）年四月、福島市の方からの手紙である。

「かがり火の会」は戦争で兄を亡くした妹たちの集まりで作家の仁木悦子さんが主唱し一九七一（昭和四十六）年十一月発足。仁木さんも兄上が十四歳の少年兵で戦死しているので特に関心があった。会員もやがて百名を越え『戦死した兄さんを悼む、妹たちのかがり火、第一集』が出版された。四十編の応募原稿が掲載されたが、いずれも亡き兄を慕う気持ちが溢れている。

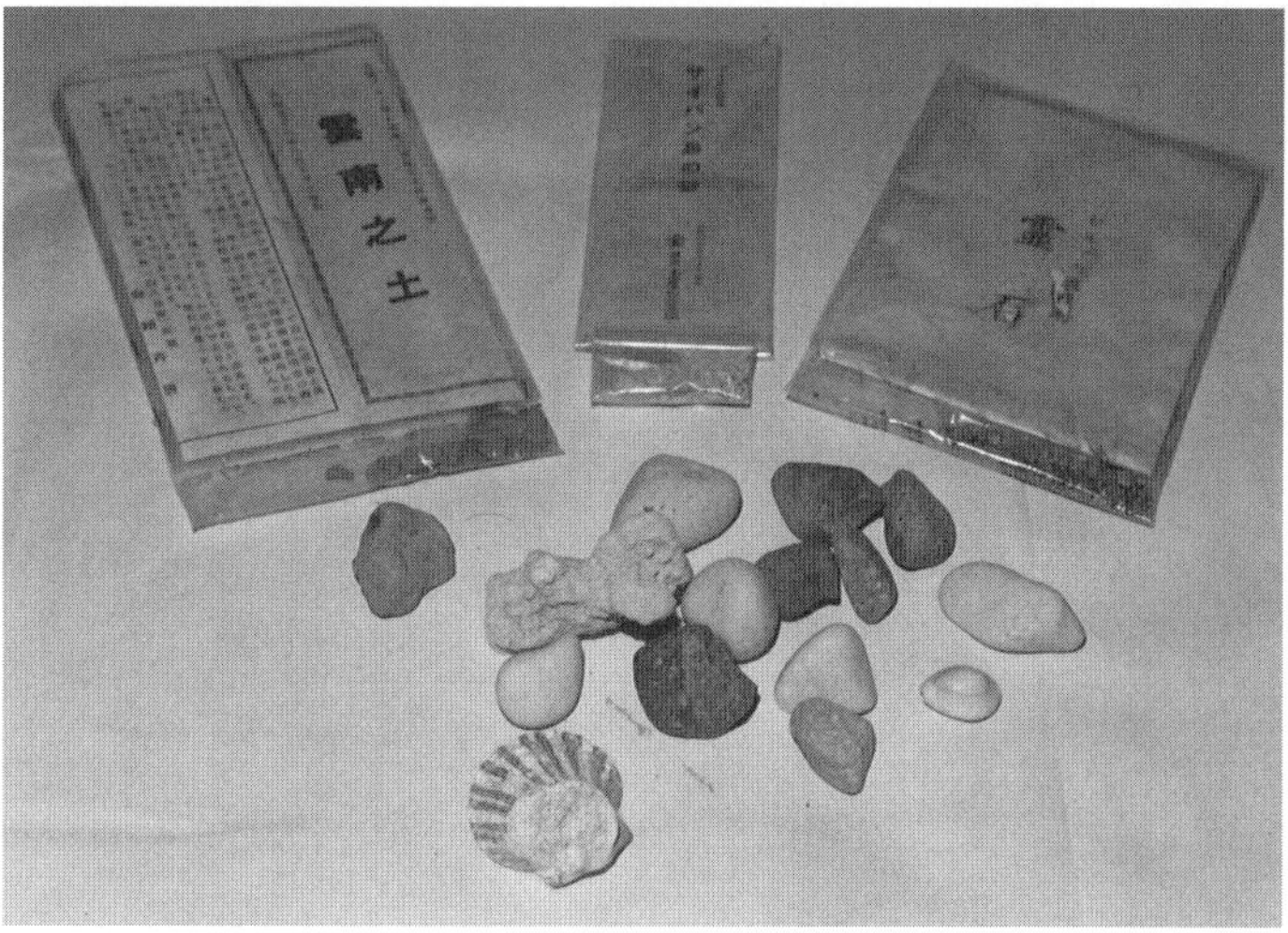

その中に航空隊関係は一篇だけ「大空の果てに」と題した堀江れい子、馬場かつ子姉妹の作品があった。

お二人の兄進藤孝少尉はビルマのラングーン初空襲で一九四一（昭和十六）年十二月二十三日、九七式重爆撃機操縦中に戦死。この第九八戦隊は悲運の隊で同日戦隊長も戦死。ラングーン上空で被弾、片肺飛行でタイとの国境に近いモールメン南方約十五キロ地点に不時着し死亡。二十一歳、中尉。

母の嘆きは尋常ではなかった。人前では立派な「軍国の母」であったが、人のいない所では時、場所をかまわず泣いた。朝、母の泣き声で目が覚める。母は台所の床に顔を伏せて泣いていた。洗濯物をゴシゴシ洗いながら兄の名を呼んで泣き崩れている。小学校三年生だった弟は「お母さんがまた泣いている」と言って両手で自分の耳をふさいだ。母にとっては夫を失い、今また頼りにしていた長男を失う。母の慟哭は傍から見るにしのびなかった。母は今でも眼を患い通院を続けている。「泣き過ぎたからね」と淋しく笑う。

体験者ならではのことだけに強く印象に残った。

陸軍航空ビルマ慰霊団が一九七四（昭和四十九）年一月にビルマの地で慰霊をする

ことになり参加した父の知人の元読売新聞特派員鈴木英治さんからせっかく連絡を頂いたので父は進藤中尉のことを頼んだ。法事には俗名は使わない。福島市の菩提寺に電話をして、中尉の戒名「雲竜院忠肝純孝居士」を教えてもらった。回向料を添えて卒塔婆の写真、現地の石か砂でもと希望したところ、鈴木さんの帰国後、届けられた。モールメン飛行場での慰霊祭の写真にはっきり中尉の戒名の卒塔婆が写っていた。ビルマの石も届いた。さっそく従軍画家の描いた戦死当時の空中戦の絵などと一緒に堀江さんに送った。

「進藤家にとっては武富さんは神様です」このようなことも手紙に書かれていた。これは一九七四（昭和四十九）年三月、フィリピンのルパング島から小野田元少尉が下山、明るい話題となった折、山中で接触、仲介した鈴木紀夫さんのことを小野田家の母上が「鈴木さんはわが家には神様です」と述懐されたとニュースになったのでこのことを連想されたのであろう。

戦死しても遺骨がない。とくに航空隊の場合はないのが普通である。遺族の心情として「せめて石のひとつでも」と願うのが当然。この気持ちを察して父は鈴木さんに頼んだ。

郷土部隊福岡百二十四連隊はガダルカナルで全滅。連隊長以下二九二八柱、八十三％の死亡率である。それでガダルカナル島出陣前にパラオに残していた将兵の衣服と、慰霊祭に使った位牌を焼き、この灰に遺爪、遺髪をまぜ白木の箱に少しずつ入れ遺族に渡した。箱の中に何も入ってなかったという例も他にはある。

母上が亡くなられた後、堀江さんから届いた手紙には次のようにあった。


棺の中に入れ母に持たせました。ビルマの石のことは生前よく母が話しており、この石には兄の霊が宿っているからといつもは仏壇に上げておりました。それに送って頂いた色々な資料類もすべて揃えました。母も悲しみや苦労のない魂の世界で父、兄と揃って今までのことを話すことでしょう。

まことに有難うございました。厚く御礼申し上げます。


七十三年の歳月が経った。戦争は遠い日の記憶となった。

私の資料館にはビルマ関係として「ビルマの激戦地、霊石」「雲南の土」があり、仏壇に祭られている。「雲南の土」は元歩兵第一四八連隊の命婦斎勝さんが「全国ビルマ戦友団第二次訪中友好派遣団」の一員として参加。一九八四（昭和五十九）年三月七日採取されたもの。封筒には次のような説明がある。

謹白　当「雲南之土」は第一次訪中団の努力によって迎えた霊砂と異なり第二次訪中友好団慰霊巡拝団の一員として、中国雲南省昆明市の西南方約四百キロ地点にあたる大理市、さらに西方四十キロの山中より採出したものに、別班より入手した激戦地の竜陵地区の霊砂を謹んで混入したものであります。

顧みれば、約四十年前、この土同様の掘ろうとして掘れない赤茶岩を掘っては埋め幾万の血涙を流したことであろうか。偲んで余りあるもので、一宗一派に拠らず、日本人として未来のため、歴史的最小にして最大の証拠として永久に保存したいものであります。

他にはガダルカナルなどソロモン群島の石、ニューギニアの砂などがある。

62　日の丸抜きの旗

遺品の中に日の丸の赤い日章旗部分を切り取って白地ばかりになったのが一流ある。まことに異様で来館者は一様にびっくり。「なぜ?」と質問がでる。

バンコクで敗戦を迎えた一兵士が持ち帰ったもの。日の丸の旗などを含め文字の書いてあるものは一物も残すなと命令が出た。敗戦後すぐに連合軍による戦犯追及が始まったが、従来の戦争ではなかった初めてのことで日本軍はどうしてよいか狼狽したのが実際で、とにかくその端緒となるようなものを処分してしまえという短絡的な発想があった。

命令は絶対。実行したかどうか点検する。長途の行軍、転戦で各自持ち物は多くはない。背嚢、雑のうなどから全部出して検査するが日の丸の旗など折りたたんでも赤い部分はすぐ目につく。旗そのものは各人の私物だが平時なら必ず所持せねばならず、捨ててしまっても本人の自由だが、敗戦後は戦犯追及ということになると自分に責任が及ぶのを恐れて隊の指揮官が神経質になってくる。戦争中は勇敢であった者ほど敗戦で気合抜けして、戦犯とされることに恐怖心がおきて従軍手帳など恤兵品で私物として支給されているものも含め中隊の戦闘記録、陣中日誌、作戦命令綴などまで灰に

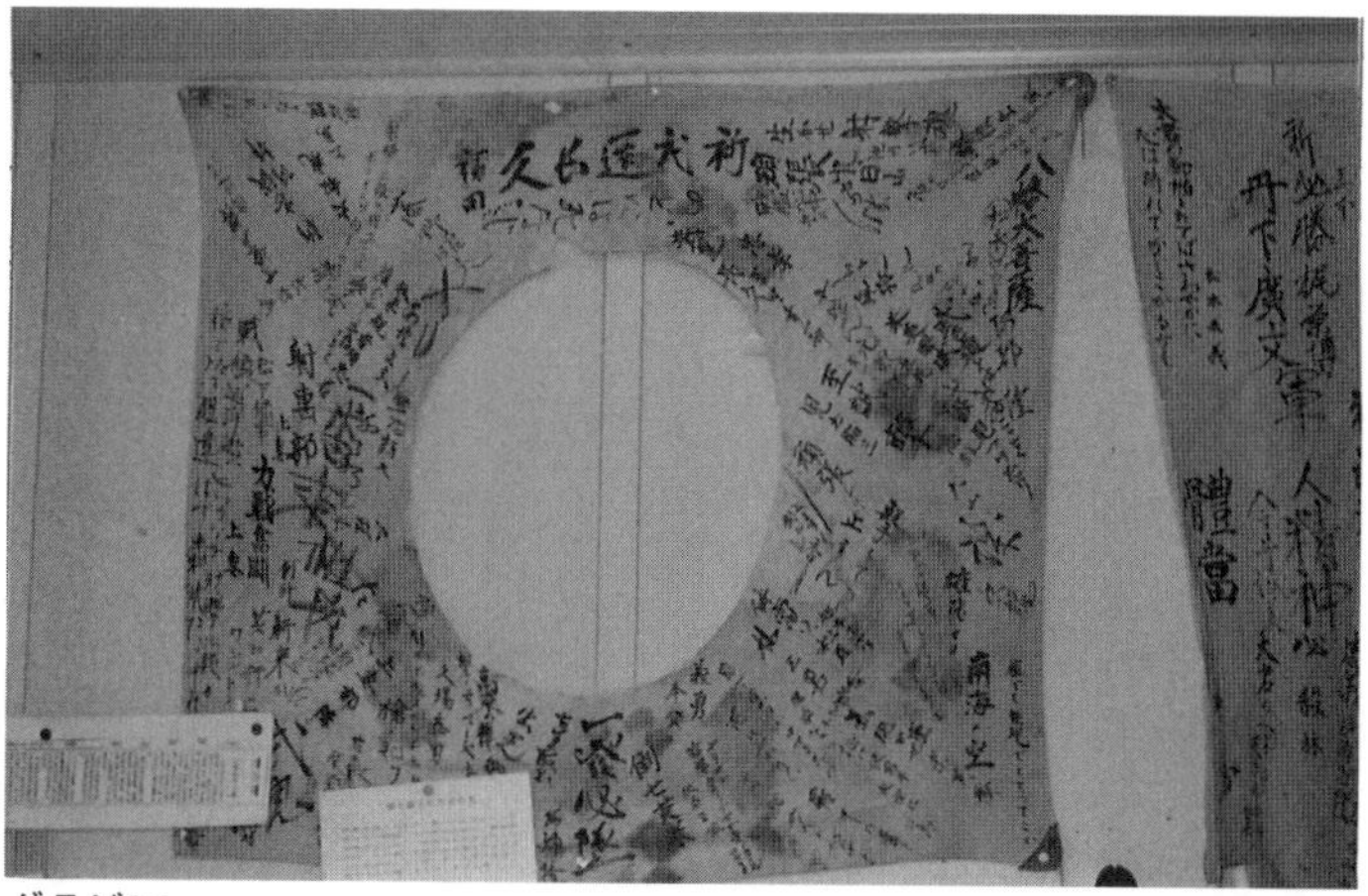

グラビア

し、後で困ったなどの例もある。
違反者が一人でも出れば帰国は後回しになるなどのデマも飛び、皆が戦々恐々、不安な心理状態に陥っていた。

父自身はどうだったか？　父も同様で冷静沈着ではなかった。敗戦時にシンガポールの第五十五航空師団司令部の参謀部庶務課にいた。

正午に全員集合。講堂で師団長北川潔水中将以下、天皇の玉音放送を聞く。声は蚊の鳴くような小さい声で何のことかわからない。ただ、司令部だけすぐ活字にした刷り物を見て負けたということがわかる。師団長が軽挙妄動をするなと訓示。三好参謀長が「花は桜、人は武士の時代が終わった。寒中にも見事に咲き馥郁たる香りを放つ梅になれ」と結び、ただちに各自持ち場に帰り資料、写真類一切を焼却すべしと指示が出た。広々とした営庭の各所ですぐ紙類を燃やす炎と煙が立ち上がる。炎天下だけに苦しいが資料のなかには命がけで偵察者が撮影した写真も、貴重な戦闘記録も見る見るうちに灰になる。熱風で焼け残りが吹き飛ばぬよう見張りの兵をつけた。作業中に倉皇とした足取りで副官が来た。「これも頼む」一言いい残し、また足早に戻る。手にした包を開けると今迄副官部倉庫に格納してあった特攻隊用鉢巻二十筋。司令部も特攻隊が編成されていて「神風昭道隊」と命名されていた。指揮下部隊の出撃後に最後の出撃を予定されていたのである。包を炎々と燃える火中に投げ入れたが、堅く紐で結束したままだったので縁は燃えたが芯になる部分が青白い炎をチョロチョロさせながらなかなか燃え尽きない。この時に初めて「ああ戦争に負けたんだ」と実感でき、思わず涙がひと雫。正直なところ天皇の放送よりこの時のほうがしみじみとした実感があった。

純粋性と神聖視、武人の本懐と覚悟していた特攻が無用となる。やっぱり負けたんだというあきらめ。これで死なずにすんだという安堵感。飛び立って行って帰らぬ戦友への負い目、複雑な心境である。

この時父も持っていた日の丸を焼いた。敵である英軍に取られるよりもという気持ちが強かったが命令に従って、確かに処分したのであるが動転していたことも事実である。

そんな中で「いくら軍隊の命令でも」と日の丸部分を切り捨てて恩師、親類、先輩、知人などの名前の寄せ書き部分を残された機転と勇気に敬服する。苦しく辛酸をなめた従軍中に負傷したものの生き残れたのは、旗に寄せ書きし励ましてくれた皆さんのことを忘れなかったからだったということがよくわかる。日章なしの寄せ書きは恐らくこの一旒と思われる。

一兵士でこんなに自分の心に忠実で信念を通したことは稀有かつ驚くべきことだ。真の勇者といえる。

63　従軍証明書

敗戦後シンガポールの第五十五航空師団司令部に父はいた。九月半ばレンパン島に収容となる。マレー地区など軍人・軍属はすべてここに移るが一九四五（昭和二十）年末までに五万七千七百人に達した。父はこの島で約八か月俘虜として過ごした。島はシンガポール南方約六十キロの無人島。全くの原始林島で海中までマングローブが密生。道路は先発隊がつけていたが宿舎は自力で竹の柱、椰子の葉の屋根で隊ごとに作る。一九四六（昭和二十一）年四月二十三日、第一船で引揚げることになった時の司令部が発行した従軍証明書である。

一、支那　自　昭和十六年十二月八日
　　　　至　昭和十七年二月二十四日
一、南方　自　昭和十七年二月二十五日
　　　　至　昭和二十一年四月二十三日

島には何もない。紙もない。加給品の英国煙草を隊の全員に渡し、その空箱を回収。空箱を開いて裏に記入して間に合わせた。ほとんどの部隊が紙の証明書を使用しているだけに異様である。同時に渡された引揚証明書は藁半紙で印刷したものがあった。

島の南にガラン島が水路ひとつ隔てて見えたが鉱石精錬所の波止場や建物があるほか現地人のアタップ小屋が点々としているだけ。

概要
リオ諸島の南部　オランダ領無人島
北緯一〇四度より東経一〇四度二〇分の間
面積　レンパン島　約一四〇km²
　　　ガラン島　　約八五km²
日本人捕虜　最高十一万人
　復員予定総計　二十四万人
リバティ型ヘンリーホワイト号

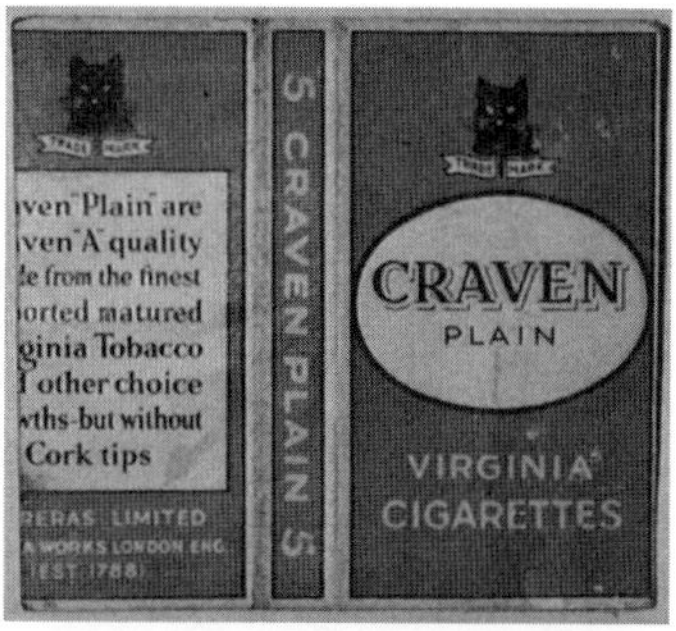

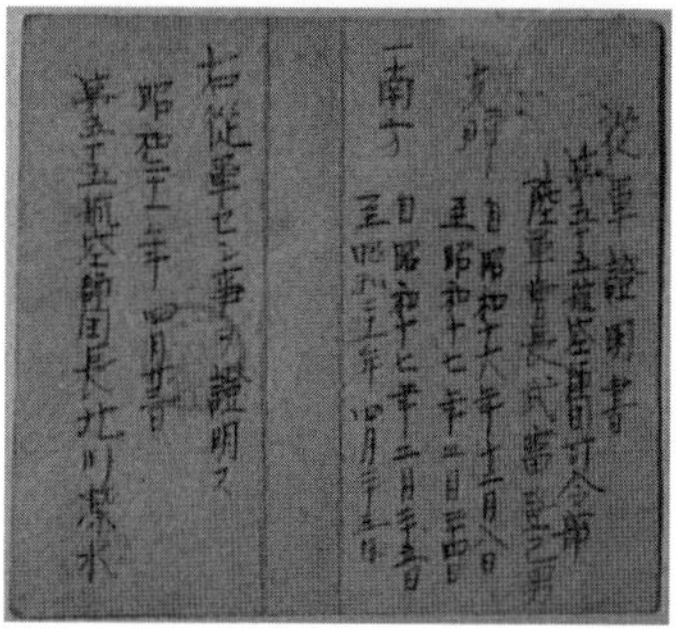

64　南東方面に於ける遺体・遺骨の状況綴

ガダルカナル戦死率八十三%。

インパール戦死率　八十四%。

激戦地の代表的なところといわれている。郷土部隊福岡一二四部隊はこの両方の戦場で戦った。地獄を見たのである。

「ガダルカナルより転進」一九四三（昭和十八）年二月九日、大本営が発表。「南太平洋方面戦線、新作戦の基礎確立」と説明があったが転進という語が初めて使われ、その意味が撤退、退却であることは国民の多くは気付かなかった。だが太平洋戦争での勝敗の分岐点。それまでの日本の攻勢が守勢に変わったことであり、また「ガダルカナルは、たんなる島の名ではない。それは帝国陸軍の基地の名である」（伊藤正徳『帝国陸軍の最後』2決戦編）。

ガダルカナルはソロモン群島の主島、二千メートル級の山脈が連なり面積はほぼ愛媛県くらい。熱帯雨林に覆われ気温は連日三十五度を超す。島の形はソラマメ状、ラバウルまで一、一〇〇キロ（福岡から仙台までの距離に当たる）。飛行場の争奪で日米が半年間対峙、決戦場となった。

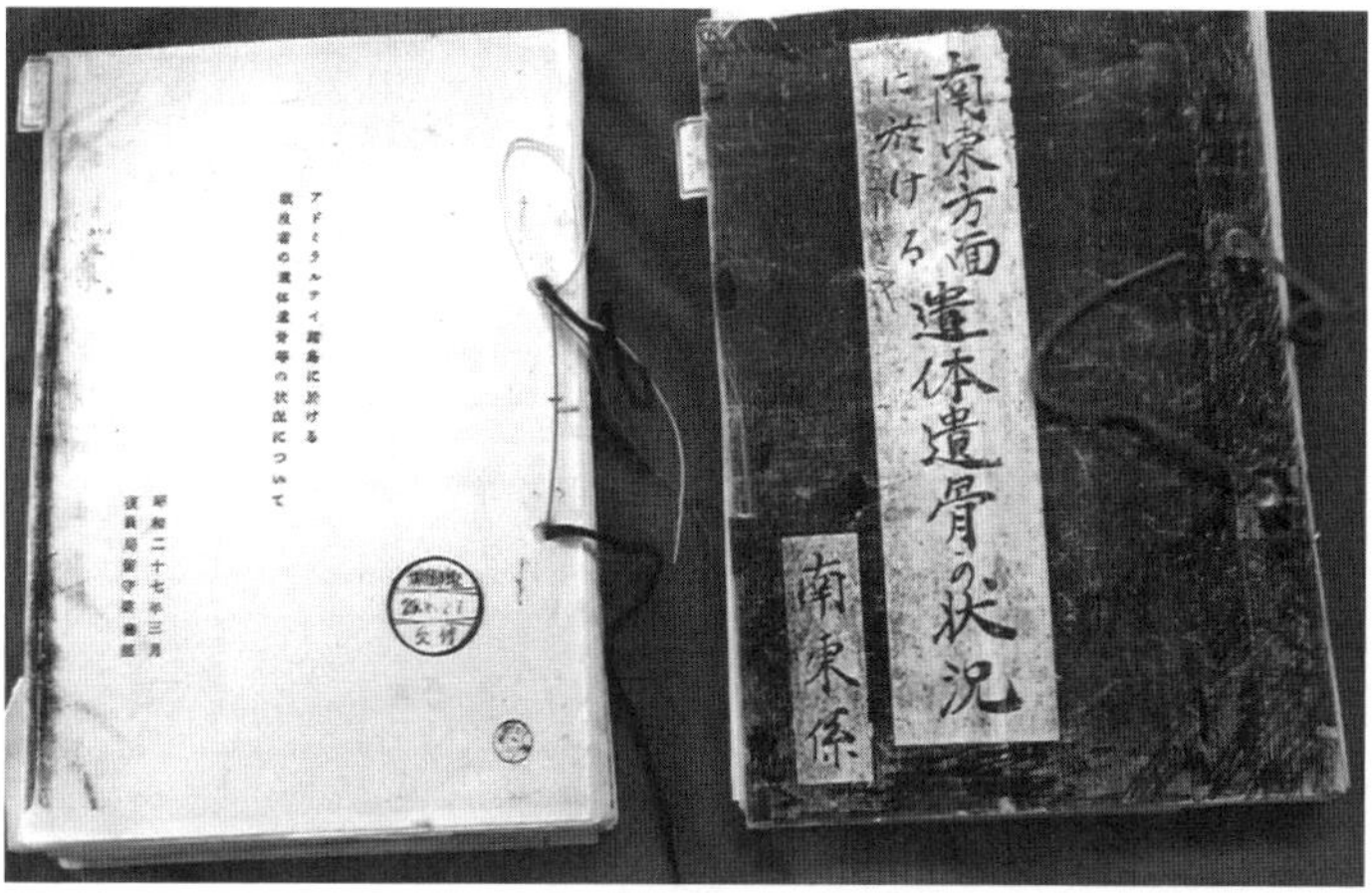

郷土部隊福岡一二四連隊がこの島で大きな犠牲を出し全滅同様になるまで死闘した。同部隊生存者の証言と厚生省復員局留守業務部調製の内部資料で当時の実相を記録したい。

投入兵力三万二〇〇〇名のうち一二四部隊は第三五旅団（川口清健少将）と合わせ三、五四五名で一一％。連隊長岡明之助大佐。

古びているが一冊の分厚い書類綴りが手元にある。黒表紙に『南東方面に於ける遺体・遺骨の状況、南東係』とあり復員局留守業務部が一九五三（昭和二十八）年作成。東部ニューギニア、ニューブリテン島、ホーゲンビル島、ガダルカナル島と分けて、それぞれ作戦担当元参謀などに要請し調整したもの。いずれにも表紙に「業務班2・8・21受付の丸判がある。

戦犯問題の研究家、茶園義男先生所蔵のものを特に許可を得て父が複写したが、「東京の古本屋で昭和六十年代に入手」されたとのこと。かつて公表されたこともないし廃棄処分になったとも思えない。店頭に出た経路は不明だが書類調整から状況は全く変わっているはずだが追跡の根拠にはなる。

ニューギニアの東、五〇〇キロから一〇〇〇キロがソロモン群島だが南東方面と呼んでいた。父は支那事変中の一九三八（昭和十三）年から敗戦まで従軍。航空部隊であったし南方全域を飛び回ったが、兵隊のジンクスに「ジャワは極楽、ビルマは地獄、生きて帰れぬニューギニア」また「往きは兵隊、帰りは仏」などがあった。父は実際にジャワに五か月、ビルマに四年駐留したがまさしくこの通りであった。よく言い当てていた。

東部ニューギニア作戦を主として指揮した第十八軍司令官安達二十三中将は敗戦後、ラバウルで自決。陣没将兵に対する信と愛に殉じ、自身の魂魄を部下の眠るニューギニアの地に留めたいという決意によるもの。その遺書に次の一節がある。

「作戦三年の間、十万に及ぶ青春有為なる陛下の赤子を喪ひ、而して其大部分は栄養失調に起因する戦病死なるに想起する時……」即ち補給不良、激戦連続、長距離至難の機動戦と将兵の心身を消耗せしむる要因錯綜、その困難は耐えうる極限を超えるものがあった。

ガダルカナルの報告書は留守業務部佐藤勝雄中佐が資料整理課調整の作戦記録『第十七軍の作戦』と元第十七軍参謀長宮崎周一中将ほかの保有資料、記憶などを参考に調整した。

ガダルカナル島作戦は第十七軍司令官百武源吾中将が指揮。報告書には投入兵力三万二〇〇〇名、うち戦死一万四五〇名、戦病死者四三〇〇名、行方不明二三五〇名とある。第十七、十八軍を統合しての第八方面軍司令官今村均大将は回想録に「約三万の将兵中、敵砲火により倒れたる者は約五千、餓死したる者は約一万五千、約一万のみが救出された」（『戦ひ終る』）としている。結局死者二万二〇〇〇名となる。

一二四部隊は三五旅団司令部とあわせ計三千五百四十五人上陸。生還者六百十八人、戦死二千九百二十七人、死亡率八十三％。他部隊の死亡率平均が五十一％だから一番ひどい。陸軍では五十％で全滅と扱っていたので該当する。

一九四二（昭和十七）年八月に始まった戦闘に十月の総攻撃失敗以来、食糧不足による栄養失調、餓死者が続出。兵士たちはたまに配給されるコメの粒を数え一食何粒と生のまま食べた。弱っているのに加え熱帯特有のマラリアの高熱、アメーバー赤痢のひどい下痢と重なり極限に達した。十二月中旬第十七軍参謀長は次の電報を打った。

「全軍糧秣全く尽きて既に二週間。木の葉、草の根もまた尽き川底の水苔までも食らい尽きたり……」死体に寄ってくるトカゲまでも食べた。地獄絵巻に見る餓鬼道だ。一九四三（昭和十八）年元旦の特配が乾パン二粒、金平糖一個。一二四連隊高崎伝上等兵の食べたもの「マッチ一箱分のコメ（三か月に一度）、トカゲ、ヘビ、ヤドカリ、オタマジャクシ。トカゲは海水漬け焼き（うまい）、ヤドカリとオタマジャクシはスープ、いずれも海水味、それに蛆虫」（黒羽清隆『太平洋戦争の歴史上』）

やがて二月に撤退。「杖にすがってヨロヨロと……海岸の椰子林は銃砲撃でほとんど枯れて道路の左右どこを見ても友軍の死骸の見当たらぬ所はなかった。白骨になった者、蛆の湧いている者、息き絶え絶えの者ありで、とても悲惨などという言葉で表現し尽くせない……。わずか十四、五キロの道のりを二日かけて辿りついた。二月六日朝である」（伊藤寛『死線を越えて幾山河』）

撤退後十年経っての現地調査の結果を報告は次のように記している。

「第二、遺体・遺骨残存の状況

一　一般分布状況

二　残存の状況

死亡者の死体は戦友その他によって多くは埋葬その他の処置が採られたが、戦闘の末期生存者も疲労困憊極度に達するに及び、死亡者を処置するに由なく、戦場等に止むなく放置される状況になったものがあるが、熱帯地の特性から忽ちにして風化し、現在まで残っているものは殆ど稀と思われる。

三　その他

第十八軍関係の東ニューギニア。

ニューブリテン島、ホーゲンビル島の分は稿を改ためるが、それぞれの遺体、遺骨の状況も実地踏査にもとづき詳細。それだけに悲惨かつ荒涼。とてもこのまま遺族の方には見せられるものではない。このような理由で未公開となったと判断される。

撤退の二月八日、一二四部隊は最後のダイハツに乗った。軍旗がないため乗船できない。

一二四連隊の将兵はやっと間に合った軍旗に「帰れるぞ。軍旗が戻って来た！」と軍旗取り囲んで号泣した……兵たちはダイハツに殺到した。ダイハツはたちまち満載。「重機も小銃も捨ててしまえ！　傷病兵を乗せろ！」（注　重機は九二式重機関銃）と海軍の指揮官が叫んだ。ダイハツの収容人員は八十名だが百名以上も乗り込んだ。それでも全員乗れない。取り残されようとする兵は「俺も乗せろ！」とダイハツにしがみついてくる。そのためダイハツはいつまでも発進できない。

「頼むぞ！手を離してくれ！この次に必ず迎えに来るから手を離してくれ！」指揮官が必死に頼んだ。「必ずだぞ！」「本当だな！　待ってるぞ！」と手を離した。手を離してガダルカナル島に残った将兵は再び迎えにきてもらえなかった。

（白水蘇一『飢餓山脈』）

沖合の艦艇までダイハツでピストン輸送した。乗船順序は上陸順となっていたが一二四部隊はその順に寄らず最後に組み入れられた。

Ⅱ

「あんなに苦労したんだから内地帰還かも」将兵の願いと軍の考えは正反対。「内地に敗戦気分をまき散らす奴は帰すな」七月第三十一師団（烈）（佐藤幸徳中将）に編入。サイゴン駐留中、ソドム飛行場で八月二十一日慰霊祭が行われた。宮本薫連隊長が読み上げた弔辞を大切に保存しているが悲痛、哀切そのもの。戦死者数は「故陸軍少将岡明之助以下二千九百二十八柱」と報告書より一人多い。弔辞の中には次の文章もある。

「……アウステン山ノ一角ニ陣ヲ敷ク爾来食ナク木実ヲ噛リ雑草ヲ食ミツツ熱帯悪

病ト闘ウコト数旬……」

遺骨収集ができてないので白木の箱にはガダルカナル島出陣の前、パラオに残してきた私物類、慰霊祭での位牌などを焼いた灰にガ島から持ち帰った土と混ぜて入れた。数が多いので少しずつである。九月六日英霊は博多駅に無言の帰還。十月五日原隊練兵場で合同告別式挙行。インパール作戦となり四月五日コヒマ占領。同月二十五日、兵団総攻撃で殊勲をたて「歩兵第一二四連隊（第十中隊）はアラカンの萃」と師団長から賞詞を受ける。だが後方から一粒のコメ、一発の小銃弾の補強もなく二週間（軍の死守命令期間）をはるかに越え六十四日間の死闘を続ける。そのため将兵は皆やせ衰え目玉だけ光らせ陣地にたどりつきつつ敵弾に斃れていく。死傷続出、遂に五月末佐藤師団長は軍命違反で師団撤退を命令し独断専行「コヒマからの撤退の道には幾千の友軍の屍が累々と続いている。その遺骸の持っている血の付いたコメを取って泥水で炊いて食べた。」（歩兵百二十四聯隊史刊行会『草むしぬ』）

タム～シッタン間は誰が名付けたか「白骨街道」と呼ぶ。川幅六百メートルのチンドウイン渡河点附近での戦慄すべき奇怪な事件。「それは正視できないような一個の死体でした。腕の肉、股の肉等肉の多い部分は鋭利な刃物でえぐり取られ、骨ばかり白く光っている。でも腐乱して骨になったのではない。少し黒ずんではいるが、まだ血は赤味が残っている。虎などに襲われたのではない。腸はそのままである。

ここに食人種がいるとは聞いたことがない、とすると思うも忌まわしいが、誰かが戦友の肉を取ったと思わざるを得ない。いくら飢えてもそこまで人間は堕ちてゆけるものだろうか。ガ島では部隊を離れた数人組が食糧を持った一人歩きの兵を襲って食糧を奪ったという話は聞いたが友軍の兵士の肉を食った話はついぞ聞いたことはない。

私はこの話を書こうか、書くまいか随分迷った。しかし体験記としては書き落とすことは出来ないので思い切って書くことにしました」（伊藤寛・既出書）

若者が見たままを感じたままを正直に話した稀有かつ貴重な記録である。その勇気に深く敬意を表する。さらに手記は続く。

「渡船場に向かう河原は芦や茅の茂った湿地帯である。大部隊が通った跡であるから泥沼の道は足が股まではまる。元気な者でも力を入れて抜かないと足が地に吸い付いて抜けない。十メートルか二十メートル行くと休まなくては歩けない。想像を絶する悪路である。僅か百メートルか二百メートルの距離であるが飢えと病魔でヒョロヒョロの兵隊は普通の道を五十キロ、百キロ歩くより苦痛であった。否、苦痛どころではない。足が抜けない泥沼の中に倒れた者は数知れず、暗くて見えないがこの泥沼の中には倒れた死骸が幾十、幾百体あるかわからない。

腐り、踏みつけられた死体が放った死臭と泥沼のメタンガスが混ざって死臭に馴れた私でさえも思わずヘドを吐きそうである。

「爆音、空襲!」とそう声がした。敵の三機は渡船場に残された兵に入れ替わり立ち替わり銃爆撃を繰り返す。遮蔽物もない。川原の泥の中では素早く退避することも出来ない多数の死傷者が出ていることであろう。

夕方、空襲の恐れがなくなると自分は渡船場へ急いだ。今朝まだ四、五十人位は残っていると思われた兵も十四、五人しかいない。乗船のための橋桁は無残に吹き飛ばされ泥沼のそこ、ここに五人、十人と折重なって倒れている。糧秣補給所の連中も一人も見当たらない。皆やられたのであろう。

「船が出るぞおー、早く乗らんと後はもう来んぞー」

代わるがわるに呼ぶと、かすかに岸辺から「歩けない。連れて行ってくれ」「助けてくれ」と声がする。まだ何十人か傷病兵が残っているらしいが、この泥沼の中を這入っても背負ってくる程の体力は残っていない。歩けないなら這ってこいと云いたいが此の泥沼の中は這っても来られないのだ。

戦争の悲惨、非情さは体験した者でなければ到底判らないだろう。一体誰がこんな戦争を始めたのだろう。誰がこんな惨めな戦争にしたのか。軍のお偉方は、国民はこの悲惨な姿を知っているのであろうか。船はとうとう出発した。悪くすれば見切りをつけて渡河点を閉鎖するかも知れない。今までにも二百や三百の傷病兵を軍は見殺しにしたのだ。私はその例をいくつも知っている――

（伊藤寛　既出著）

戦争は悲惨である。すなわち悲惨でない戦争はない。ただ悲惨さだけを強調すると、もっと大事なところがボケてくる。なぜこんなにもひどい悲惨なことが起きたのかというその原因はどこにあるのかということ。物事にはすべて因果関係がある。目前の悲惨は結果である。ガダルカナル、インパールともに福岡県から約九〇〇〇キロも離れた異境。そんなところまで行ってなぜ餓死をしなければならなかったか？こんな素朴な疑問から戦争を考えるのもひとつの方法である。

それに並行して結果の追及をしなければならない。どのように処置されたのか、誰の責任であったのか明らかにすべきだ。これらが実行されなかったために日本軍は同じ過ちを繰り返し敗戦へと突き進んだのである。

日本と日本人が近隣諸国に対する戦争で加害者であったことを反省すべきだ。このような傾向がだんだん高まっている。当然のことだ。これからも大いに広がることを期待している。

さらに負け戦を記録することを提唱したい。国民性からか勝ち戦は多く発表されたが負け戦は惨めとか格好悪いとか対面から語りたがらぬし戦争画などでも見たことがない。

一二四部隊を総括すると太平洋戦争中、連隊長が三人続けて戦死し終始激戦地にあった珍しい部隊で三十五旅団の基幹部隊となり第十八師団から離れ過酷な運命を辿る。ガダルカナルではオースチン山の持久戦は戦史に残る。連隊旗手が軍旗を腹に巻き単独生還、最後の船に間に合うなど、まさしく劇的。

さらにインパール作戦ではコヒマで師団長から「アラカンの萃」と賞詞を受けたが、その第十中隊は犠牲者多数、撤退となるや一番困難な殿軍すなわちしんがり部隊となり主力の行動を助けた。佐藤師団長は「食う物も食わせず戦わせる方が悪い」とポケットからとっておきの最後の乾パン一袋を出し「これじゃ腹もふくれまいが、みんなで分けてやってくれ」師団長の寛容さと心意気に兵たちは「佐藤師団長のためなら死のう」と誓い合った。凄惨な生き地獄の修羅場を二度も見てなお生き残った郷土部隊の勇士たちも歳月人を待たずでほとんどこの世を去ってしまった。

徳川三百年の基礎を築いた家康は一五七二（元亀三）年浜松の三方ヶ原の戦いで武田信玄に大敗。倉皇として憔悴し意気銷沈した姿をそのままに絵師に描かせ後世の戒めにした。負けて実は勝ったのである。戦争体験者も残り少なくなった。軍人である前は人間であったのだから戦場の実相、敗戦のありのままをお伝え願いたい。

日本の平和と繁栄は世界の近現代史でも奇跡的だが、これを孫子の代まで続けるのに贈る言葉がある。

過去を忘れる者はもう一度それを繰り返す。

65 キニーネ

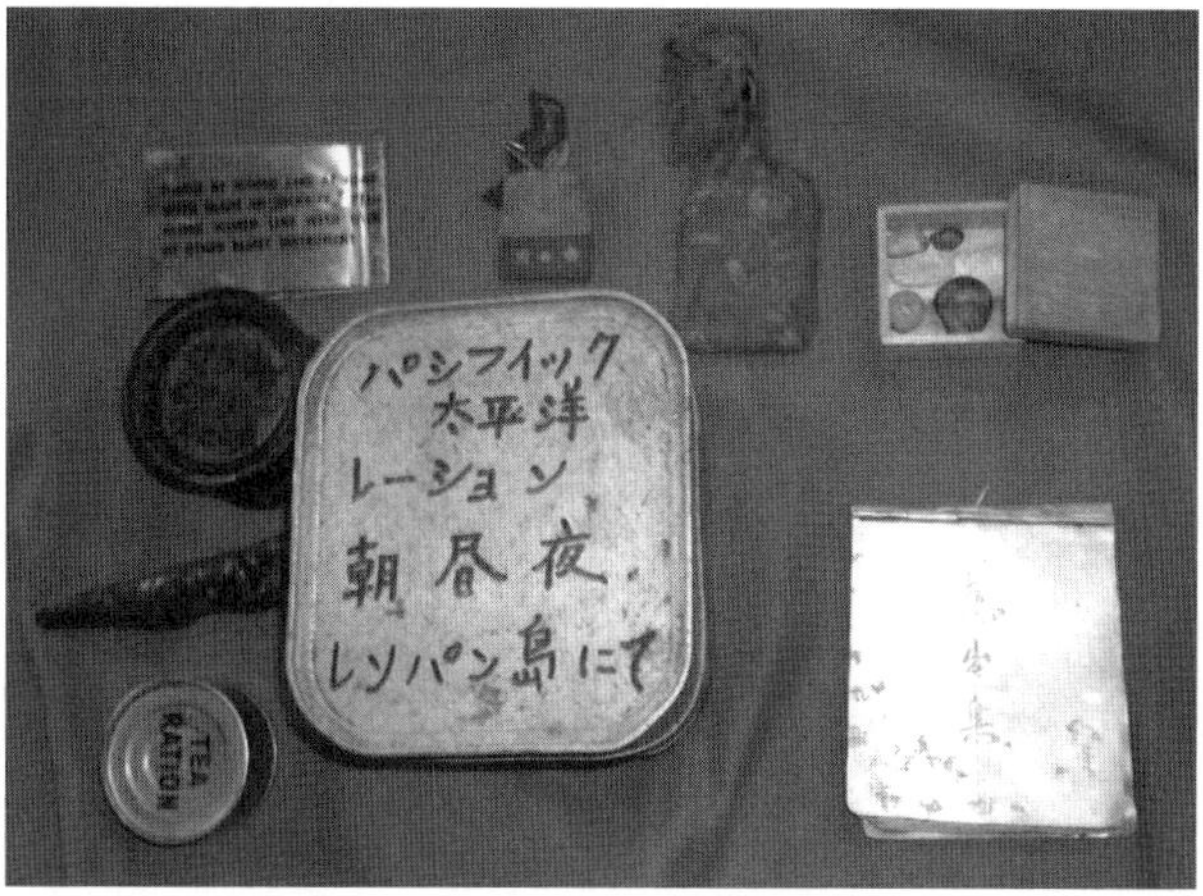

キニーネの寄贈者であるAさんは十八歳で軍隊に志願し軍属となった。任務は南方航空の航空技術員。軍属は民間だが軍人と同等の扱いであった。

一九四五（昭和二十）年八月十五日敗戦。武装解除をする前に部隊の戦友たちと徹底抗戦しようと合議し、部隊を飛び出す決意をした。決行当日、部隊の倉庫に保管してあったキニーネの缶を失敬した。マラリアの特効薬であるので先々きっと役に立つと直感した。

キニーネがシンガポールでマラリアに侵されたAさん自身にさっそく役立ち、命を救った。マレー半島を彷徨中にもマラリアに罹患して苦しんでいる戦友たちにキニーネを与え命が救えた。

　Aさんと戦友たちはその後連合軍に投降し捕虜となった。シンガポールから沖合六十キロにある無人島レンパン島に抑留された。無人島での生活は苛酷そのもので悲惨を極めたがキニーネのおかげで多くの戦友の命を救った。また、食糧や医薬品の補給も当初はまつたくなく餓死者や戦病死者が出た。レンパン島をいつしか恋飯島と呼ぶようになった。連合軍に交渉し定期的に補給が開始され辛うじて生き延びた。翌年、無事に復員することができた。

「復員後の生活にレンパン島での過酷な抑留生活が教訓と励みになり今日まで長生きできた。戦争は二度としちゃいかんと」Aさんは述懐された。

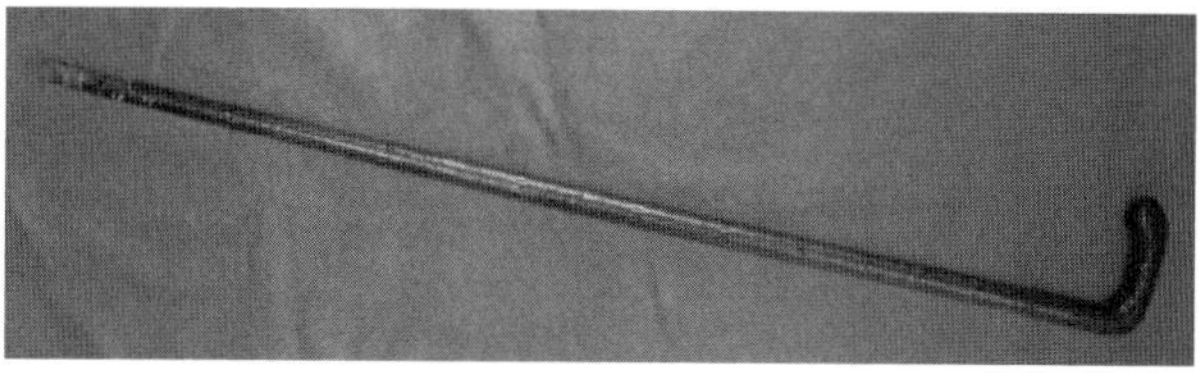

66　こよりで作ったステッキ

五年前、隣町の御婦人から「父のかたみのステッキです。役立てて下さい」と寄贈を受けた。１ｍ、黒茶色の一見何の変哲もないステッキ。実はこよりで作られたものだった。数か月かけて作られた。父上存命中時々大事そうにステッキを撫でておられたそうだ。

父上は激戦地のソロン島から運よく生き残り無事故郷へ復員された。戦友のほとんどが戦死。その中の一人で無二の戦友が足を負傷し、父上が肩を貸しながらジャングルを敗走したが体力が限界に達し、やむなくそこで置き去りにするしかなかった。戦友は餓死した。

復員後、どうしてもその戦友のことが心にひっつかかり、鎮魂の意を込め時間を見つけては縁側でひとり黙々と木材の芯にこよりを丁寧に巻きつけ原型を作り、黒茶のニスを塗り一本のステッキを完成させた。

長い時間をかけて気の遠くなるような作業を黙々と続けた父上の戦友への思いを色々想像すると胸が痛くなる。

今、ステッキは資料館の片隅にひっそりと佇んでいる。

67　満蒙開拓青少年義勇軍帽子

一九四三（昭和十八）年に満蒙開拓青少年義勇軍に志願したT氏。十四歳で同期生三人と出征した。

冬は零下三十度の極寒。銃を持って一時間歩哨に立つのは辛かった。夏は広大な土地に生育している干し草刈りに汗を流した。一番大変だったのは水汲み。井戸を掘って水を供給した。冬は極寒のため井戸の入り口が凍り付き使用不可になった。常に廻りを温めていなければならなかった。滑車が使えず全て手作業であった。中隊長の厳しく過酷な体罰で四人の戦友が亡くなった。

一九四五（昭和二十年）八月十五日終戦。十六歳だった。ソ連軍の捕虜となり、シベリア送りとなり貨物車に乗せられた。ソ連領に入り、下車した町で使役をさせられた。体が小さかったため使役に耐えられぬとソ連軍から判断され、義勇軍の少年たちは再び列車で満州に送り返された。

艱難辛苦に耐え翌年ようやく日本にたった一人で帰ってきた。

破れてはけなくなったズボンの布を切り取り、戦闘帽を手縫いしたことを思い出し、八十一歳の時に再現した。若い人が銃を持たず、戦闘帽をかぶらないですむ平和な日

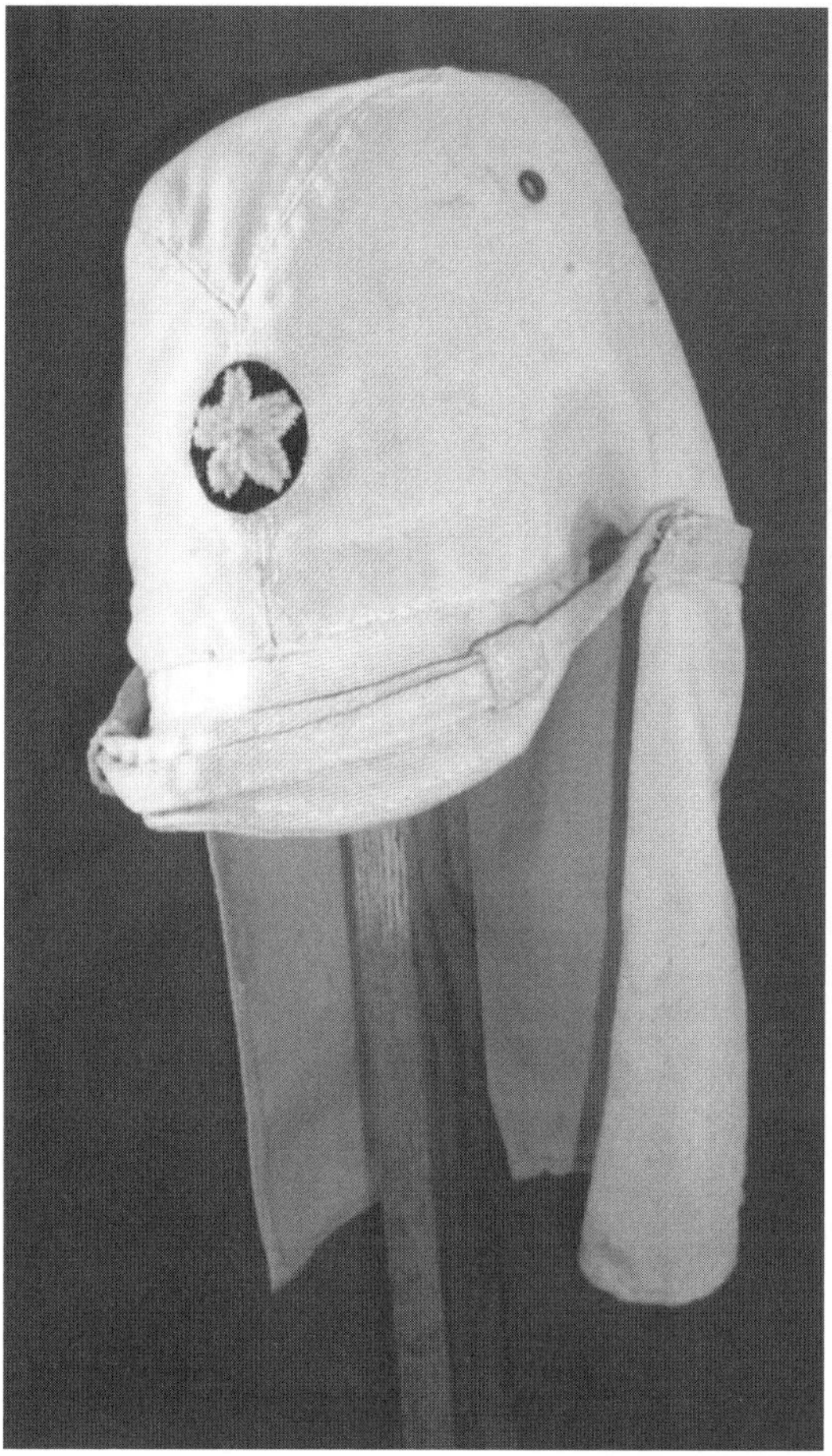

本でありますようにと、丁氏の願いがこもった戦闘帽。資料館の片隅に展示している。

68 黒縁メガネ

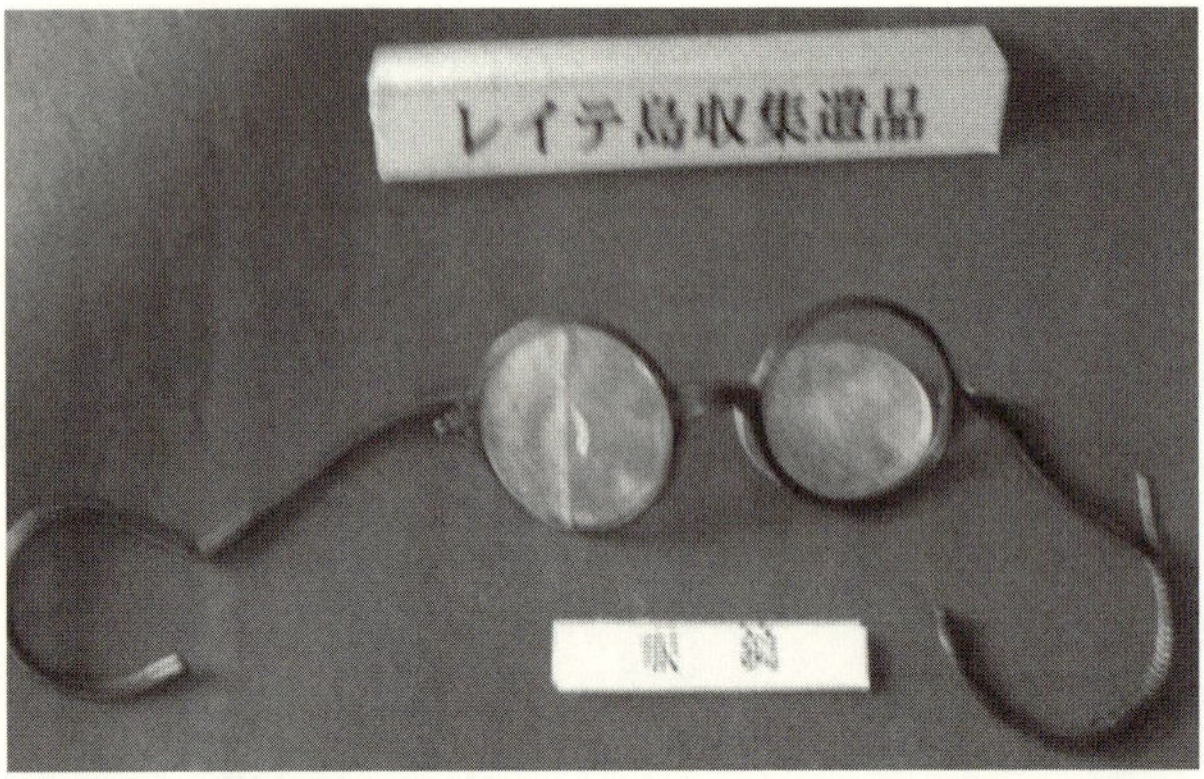

レイテ島遺品

一九四四（昭和十九）年十月二十日、米軍がフィリピン奪還のため、上陸作戦を敢行。太平洋戦争最大の決戦場となったレイテ島。日本軍将兵八万四千人のうち八万千五百人が戦死したとされている。戦死率九十七％はどの激戦地よりも高い。

遺骨収集に同島に赴き、遺骨代わりに日本兵が使った遺品を持ち帰られたT さんから寄贈を受け、毎年十月の時期に、供養の意を込めて企画展を開催、公開展示をしている。九州出身の将兵が多く従軍していたレイテ戦だったため、手掛かりを求めて遠方からも来館者がある。

七年前の企画展開催の時、鹿児島県の種子島から来館された男性がおられた。二百十五点の展示品の中で丸い黒縁のメガネの前で立ち止まり、メガネを凝視されていたが、声には出さず涙を流されていた。涙が床に落ちた。「どうされました」と館長の母が尋ねたところ、男性は涙の訳を話された。

四歳の時、父親が出征、レイテ島で戦死。出征の朝、母親に抱っこされて玄関先で父親を見送った時、父親と目線が合った。幼かった男性は父親と言えば黒縁の丸いメガネの印象しかなかった。たまたまテレビニュースを見てレイテ島遺品展の紹介画面に十秒ほど同じメガネがクローズアップされ、てっきり父親のメガネだと思った。居ても立ってても居られず種子島から来館したとのこと。

「今日、六十九年ぶりにやっと父に遭えました。来てよかったです」と涙を流して喜ばれた。遺族にとって戦争はまだ終わっていない。

69　謎の所在不明者

どこに消えたか第三の男たち

七十四年前の戦争中のこと。当時の軍隊は閉鎖的な体質で秘密主義であった。多くのことを国民に知らせない。ごく一部知らせても美化、誇張が多く、事実と違うことさえあった。

近年になり漸く色々と分かってきている。国民はほんとうのことを知ることができる。戦争と軍隊をよく知ることが平和を守ることになる。さらに掘り下げてその実像にせまりたい。

ごく平均的な戦中派の父は一九三八（昭和十三）年に現役兵となる。国難に際し戦うのは当然と支那事変、大東亜戦争を引き続き九年間、中国、南方主要作戦を歴戦。戦場の非人間性、悲惨さと空しさを身をもって体験。非武装、不戦、絶対平和を誓った。

父と全く反対の立場を貫いたAさんがいた。父より一年早い大正五年生まれ。昭和十二年徴兵適齢者。軍隊が嫌で昭和七年十五歳で家出、昭和十二年七月二十日徴兵検査の通知が来た。Aさんの父親は六月十五日に「昭和七年五月無断家出以来音信不通ニテ所在不明ニ有之候條右ノ家出以来引キ続キ今日迄心当リヲ探索致候モ……」と証明願を警察署長に出し証明をもらい徴兵官に出したが「国賊」と罵倒された。それを知り父は戦時中の軍事訓練や体制側がどう兵士を扱うかを具体的に追跡し記録した。軍の秘密性と閉鎖的体質もわかり平和を守るために軍隊のことをさらに知ることが必要と悟った。

以下父の記録を紹介する。

①簡閲点呼（かんえつてんこ）

戦時中の軍事訓練のひとつに簡閲点呼があった。毎年夏に現役を終え郷里に帰っている予備役、後備役の在郷軍人と、現役になれず兵営教育を受けていない補充兵役にある者を召集し、検閲することである。目的は軍人としての心得、動作の確認のほか予備兵力として居住地、存在の有無の点検の意味もあった。簡閲点呼への参加は軍隊手帳に記入され兵歴の一つとなる。

現役とは満二十歳で徴兵検査に合格した者で服役期間は陸軍二年、海軍三年。

予備役とは現役を終えて陸軍十五年四か月、海軍十二年、現役と予備役を合わせて常備兵役という。

戦中は国民皆兵、一億一心、国民精神総動員といわれていた。だが少数ではあるが、この訓練を拒否した「所在不明者」と呼ばれる一群がいた。いわば第三の男たちである。福岡県の場合を追跡した。

連隊区司令部の『在郷軍人心得抜萃』には『予備役ノ下士官、兵及補充兵ヲ参集セシメ国家有事ノ際ニ処スル在郷軍人ノ用意如何ヲ点検査問シ所要ノ教導ヲナシ以テ動員ノ遂行ヲ遺憾ナカラシムルヲ主眼トシテ執行セラルルヲ以テ簡閲点呼執行官ハ時ニ在郷軍人参集ノ状態、心身ノ健康、軍事能力保持及軍事思想普及の程度、服役上ニ於ケル義務遂行ノ可否等ヲ点検査問シ且勅諭勅語ノ趣旨ニ努メ在郷軍人ノ国家ニ対スル責務ヲ熟知セシメ其ノ本分ヲ完ウスル如ク指導ス」としている。

市町村役場の兵事係の許にある陸海軍在郷軍人名簿が召集の際の基本資料、各個人の軍歴に関して全て記録してある。兵事係がどの程度の仕事をしているかはこの名簿を見ればわかる。

簡閲点呼の令状は白色。

簡閲点呼には奉公袋（または応召準備袋、応召袋などの名称）を持参しなければならない。布製、国防色、軍関係資料を収納しておく。

③徴兵終結処分未済者

兵役拒否、すなわち軍隊忌避、嫌悪者たちである。大部分は体制順応、賛美、憧憬するが少数の批判者もいた。軍国主義体制下、網の目のような取り締まりをぐって国民の義務であった兵役を拒否する。満二十歳で徴兵検査ということは決まっているので、その三、四年前から失踪、姿を消す者がいた。

県兵事主任会議の一九四〇（昭和一五）年に「所在不明者ニ関スル件」として次の記録がある。

所在不明ノ為兵役ノ重大義務ヲ果スコト能ハス遂ニ不名誉ナル徴兵終結処分未済者トシテ取扱ハルル者一九三九（昭和十四）年ニ於テ一七五名ニ及ヘルカ現下時局重大ナル折柄誠ニ遺憾ノ極ミナリ、一旦所在不明者トナラムカ、之カ捜索発見ニ容易ニアラザルヲ以テ関係方面ト緊密ナル連絡ヲ保チ所在不明者ノ身上ニ関シテハ些細ナコトト雖モ等閑ニ付セス之ヲ端緒トシテ極力早期発見ニ努メ将来所在不明者ノ皆無ヲ期スル様特段ノ努力ヲ致サレタシ。

「在郷軍人所在不明者数市町村別一覧表」（附表Ⅰ）は一九四〇（昭和十五）年四月一日、福岡聯隊区司令部によるものだが興味深い。管轄市町村名は三市、一二三町村を網羅しているが一九三七（昭和十二）年からの五か年間は次の通り。

三七（昭和十二）年　二六一名
三八（昭和十三）年　一九〇名
三九（昭和十四）年　一八八名
四〇（昭和十五）年　一六三名
四一（昭和十六）年　一四ニ名
五ケ年平均　一八八名

市町村一二六のうち所在不明者皆無は二五町村のみ。町村名の頭に〇印がついている。不明者は死亡判明で戸籍が抹消される以外は満三十七歳まで追跡調査。警察、憲兵隊に依頼。その回答を記録する。一九二九（昭和四）年、陸軍省令第一四号「所在不明者調査規定」を励行することと指示されていた。

④不明者調査追跡

徴兵関連事務を行うのは市町村役場兵事係主任である。事務連絡ため毎年会議を開く。指示事項中には「所在不明者ニ関スル件」がある。『昭和一六年度　兵事主任会議事項抜萃』

一一、所在不明ニ関スル件

一、所在不明者調査ニ付イテハ昭和四年十一月三十日陸軍省令第一四号、所在不明者調査規程第三号ヲ履行セラレタシ
二、所在不明者中、事実死亡シタルモ、戸籍抹消未済ノモノアリ抹消ニ付イテハ相当困難トハ認メラルルモ研究ノ上抹消ニ関シ留意セラレタシ
三、就職其他ノ関係ニヨリテ戸籍謄本（抄本）ノ請求又ハ本籍地問合セ等ニ依リ発見セル事例ニ付所在不明者氏名、生年月日、其ノ他参考トナルベキ事項ヲ戸籍係ニ通報シ連絡ヲ厳密ニセラレタシ
四、徴兵検査不参届ニ添付スベキ所在不明ニ関スル証明書（警察署長の発行セルモノ）ハ予メ差出シ置キ検査時ニ於テ支障ナキ様準備セラレタシ
五、所在不明者ハ徴兵適齢年（十二月一日ヨリ起草）ヨリ七年引続キ所在不明ナル場合ハ徴兵検査不参加ニ関スル手続ハ一時中止スルコトトナルモ所在調査ハ之ヲ継続シ発見ノ上ハ徴兵検査ヲ受ケベキ様手続セラレタシ（規則第三四七条）
六、所在判明シタルトキハ左記様式（略）ニ依リ所在判明報告ヲ速カニ県兵事官ニ提出セラレタシ（規則第一三三条）―

戦争が長期化、戦線の拡大、戦死者の増加に比例し所在不明者捜索はより厳しくなった。

『昭和十七年度兵事々務研究会々議事項抜萃』

九、所在不明ノタメ徴兵終結処分未済トナリ居ル者ニ対スル所在発見ニ付テハ各位ノ常ニ苦心ト努力ヲ払ワレヽツヽアル所ナリ然ルモ兵制発布七十年記念行事トシテ昭和四年陸軍省。

訓令第一四号、徴兵検査ヲ受クヘキ所在不明者調査規程ニ依ル調査ノ励行方其筋ヨリ通達牒アリタルニ付テハ之カ励行ヲ図ルト共ニアラユル方法、手段ヲ講ジ所在不明者ノ発見ニ努メラレタシ。

所在不明者ヲ絶滅セシムル一方法トシテ市町村長ハ物資配給ノタメ調査サレヽツヽアル家庭人員申告書ヲ利用シ入寄留者ニ対シテハ寄留届ヲナシアルヤ否ヤヲ調査シ其ノ届出為シアラザル者ニ対シテハ寄留法ニ依リ其ノ届出ノ催告ヲナシ若シ之ニ応セザルトキハ職権ヲ以テ寄留簿ニ登録シ本籍地ノ市町村長ニ通知セラレナハ其ノ効果大ナラスヤト思慮セラルルニ付之カ励行方取計ハレタシ―

兵糧攻めというか、戦中の乏しい配給品にまで目をつけて果たしてどの位の成果があったかはわからない。戦争が長引き、全ての物資が欠乏して国民の気持ちが滅入りイライラしていた。変化を求めるにも絶望的な状況下にあったのである。筑豊の炭鉱地帯は格好の潜伏場所としてマークされていたのであった。

⑤全国規模では
敗戦時に内務省、また陸軍省の命令で市町村役場の兵事関係資料がすべて失われてしまった。漸く捜し出した残決資料だけで比較などできるはずもなくまことに残念である。貴重書、菊池邦作著『徴兵忌避の研究』七七（昭和五十二）年立風書房刊が残っている。陸軍統計年報による次の二表は注目すべきである。

一、徴兵忌避シ逃亡、若クハ身体ヲ毀損シ又ハ詐欺シタル者（附表2）

二、所在不明徴兵処分未済者（附表3）この二表のうち1は一九一六（大正五）年から一九三六（昭和十一）年まで。2は一九一六（大正五）年から一九三四（昭和九）年までほぼ二十年間がわかるので有難い。一九一四（大正三）年第一次世界大戦、一九三一（昭和六）年満州事変、一九三七（昭和十二）年支那事変などにも関係なく例年ほぼ同じ数字の徴兵忌避、徴兵処分未済者が見られる。一九三四（昭和九）年頃からの熱狂的軍国熱にも背を向けた第三の男たちの存在があったということである。

むすび

所在不明者、九四四人。この人たちの消息が全くわからない。逃げ回っていた戦中にゲリラ的にテロ処分の形で次々と消されてしまったのではないか……憲兵、特高警察の目は厳しかった。

一九九三（平成五）年十一月に発見されたが福岡県警特高課、一九四四（昭和十九）年三月作成の「移入半島人労務者ニ関スル調査表」が県立図書館にある。一九四五（昭和二十）年三月末「合計一四万二、七〇一名」の移入、逃亡其他一〇万二、二〇〇名、定着せる者四万五〇一名とある。炭鉱の環境の劣悪、労働の苛酷さを物語るものだが、発見され戻った者は一割強に過ぎぬ。単純計算で九万一九八〇名が生死不明だ。（西日本新聞一九九三年一月六日付）

一割強については「特高の厳重な監視の中で逃げ果たせた者が多いはずはなく、リンチ処分も多かったのでは」と研究者は見る。

（朝日新聞一九九三年一一月四日付）

十五年戦争は敗戦で終わった。一九四五（昭和二十）年十月十日、政治犯三千名釈放。このうち共産党指導者、徳田球一、志賀義雄両氏は巣鴨拘置所から出所、出獄歓迎人民大会へ、同日治安維持法廃止。一九四六（昭和二十一）年一月十六日十六年ぶり野坂参三氏帰国、歓迎会。市川正一、三木清両氏の獄死の悲劇もあっただけ捕らえられた者、亡命者が一転し自由の身、有利不利の条件が逆転した。禍福は糾える縄の如く、また塞翁が馬のことわざもあるが将来の吉凶、禍福は予想できないのが人生の現実である。

時代が変わった。所在不明者が生存しておいでなら当然名乗り出られるはず、それが一名もないとは……また、元軍人、憲兵、警察官、消防関係者など非常警備に任じた者で加害行為にかかわりある人が名乗り出てもと思ったがそれもない。この筑豊の現場でもって全く痕跡も見出せぬもどかしさ、何とも空しく無力感にも襲われるがやり方をかえ挑戦したい。

第二部

戦時下の生活

1　明治天皇と乃木将軍（写真）

父が大切にしていた一枚の写真がある。明治天皇に従う乃木将軍の写真である。明治四十一年秋、陸軍特別大演習で奈良県帯解街道で撮影したもの。大演習終了後の諸兵閲兵式もすみ御還御途上の天皇ですぐ後に南軍司令官乃木大将が講和記念として敵将ステッセルから贈られた白馬に乗って従っている。

東京の乃木神社に父が奉納したところ「大変貴重なる御写真、洵に奇特の至り、永久収蔵致し……」と丁重な礼状がきた（昭和六十一年六月三十日付）

馬車及び別当の服装も珍しく当時参謀本部第四部写真班が鑑定。その説明に「精巧ナル外国製写真機ニ望遠鏡ヲ付ケ遠方ヨリ拝写セルモノナリ」

また「明治天皇ノ御姿ガ是レ迄ニナキ御機嫌麗ハシク明ニ拝スル事ノ出来ル有難イ御写真」とも。天皇、将軍別々の写真は数多いが同一のものは恐らくこれ一枚であろう。「空前絶後ニナキ」ともある。

2　御真影（ごしんえい）

天皇、皇后の写真は全国の小中学校などに下付。

右下は今の上皇が学習院初等科一年入学の際のもの。

右上は天皇、皇后の行幸、行啓の際の旗。

左下は満州国溥儀皇帝（ラストエンペラー）。

袋の右肩に次の注意あり。

「本写真は高貴の御尊影に付其の取扱いに当たり苟も不敬に渉らざる様、特に注意を乞ふ」。

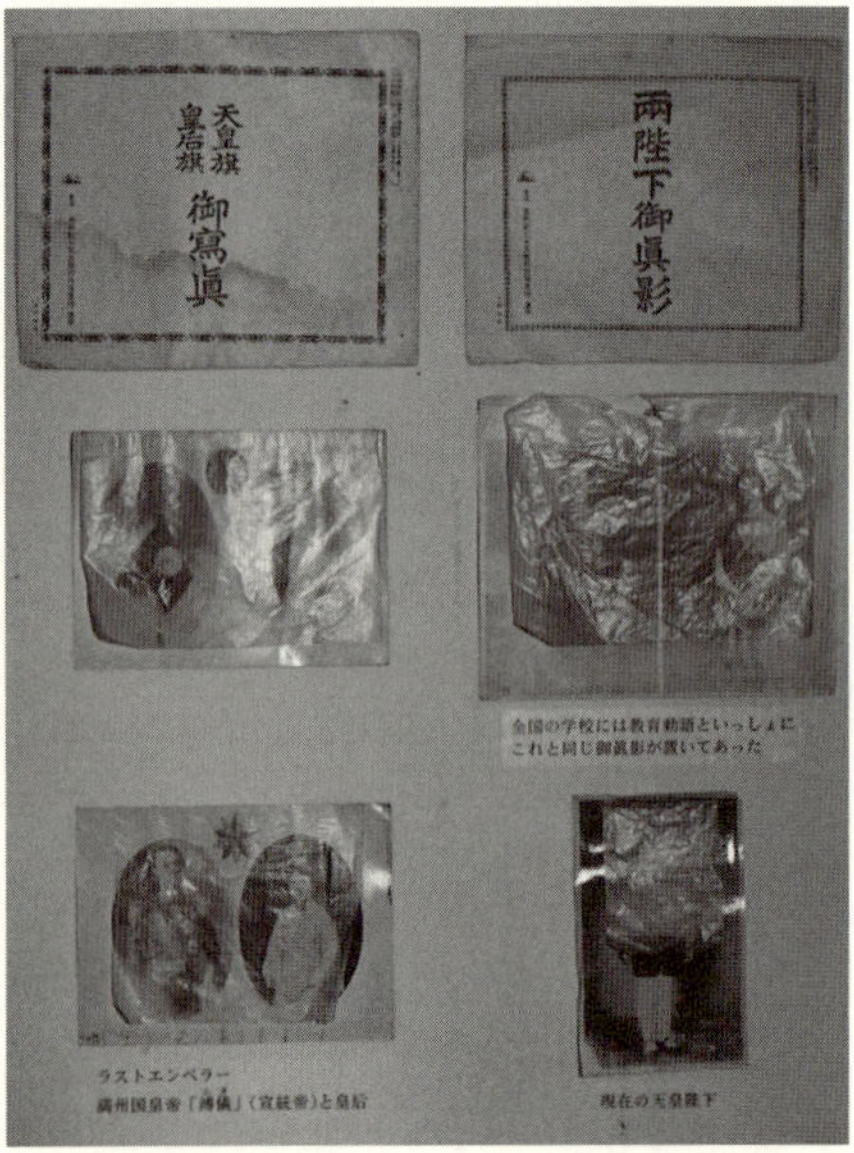

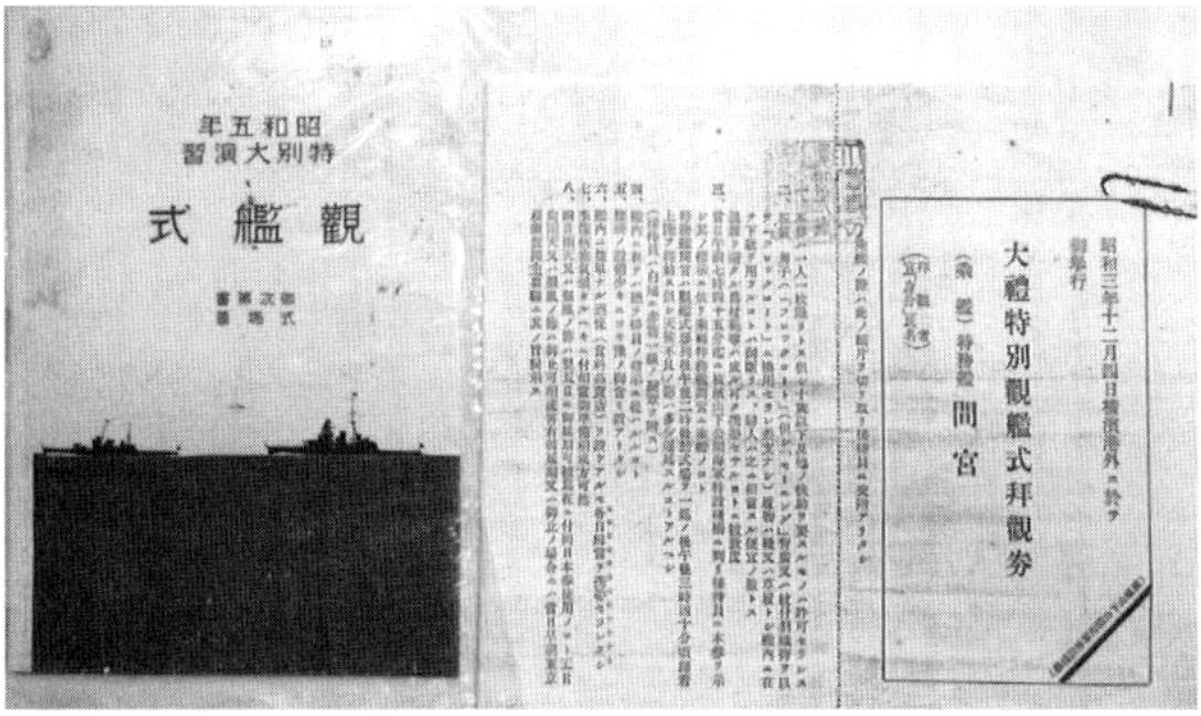

3 大礼特別観艦式拝観券

一九二八（昭和三）年十二月四日
横浜港外
昭和天皇即位大礼特別観艦式の時のもの。

4　日本プロレタリア美術集

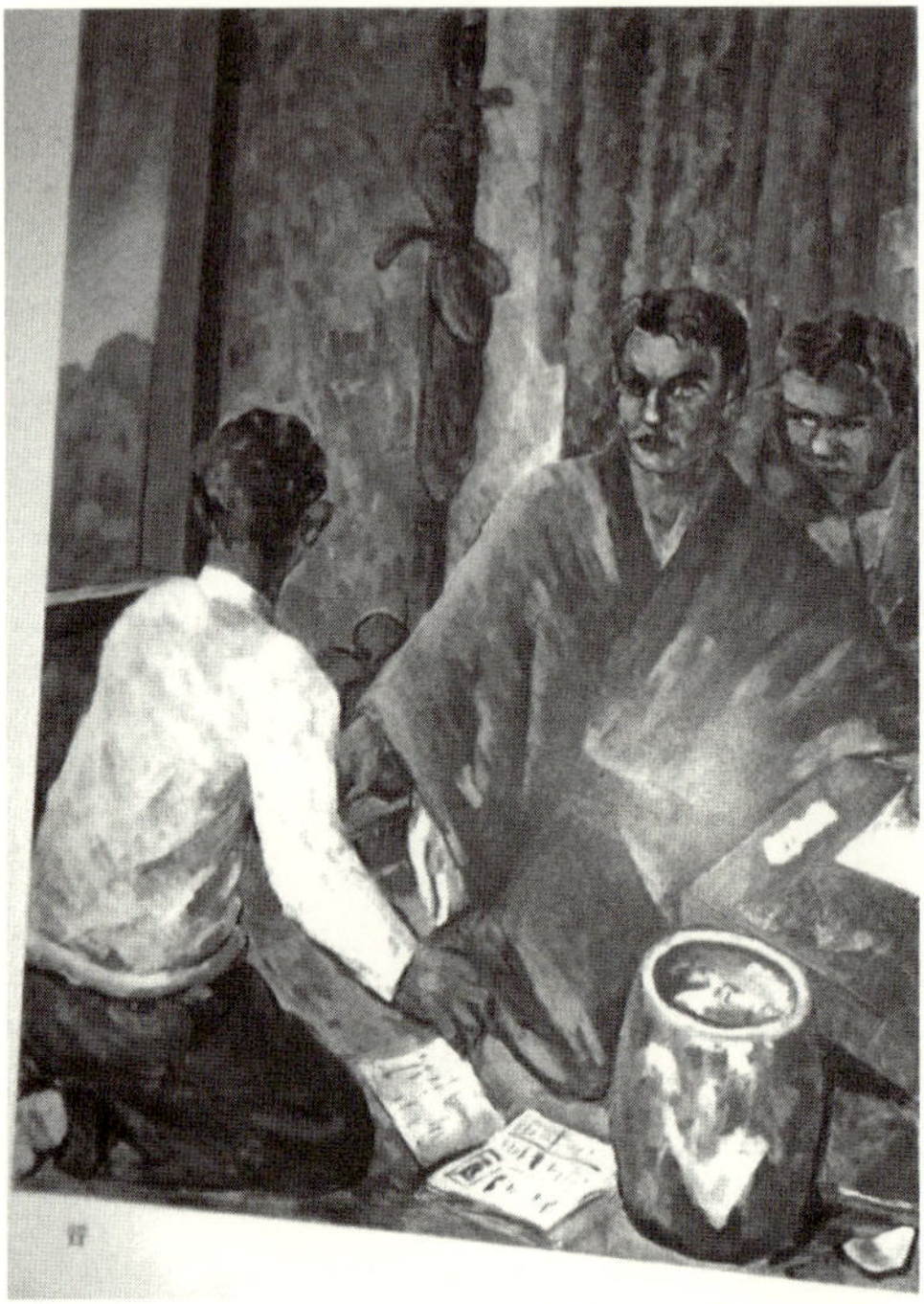

グラビア

発禁本

　祖父武富操が逝去後、三十年以上経ってから父が祖父の特高警察時代の遺品を見つけた。

　台風被害で倉庫の天井が一部破損。修理の時に木箱が屋根裏にひとつあり、祖父の警察関係書類等が入っていた。祖父は特高警察だったがサイドカー運転中転倒、足を骨折し内勤に転じ庶務を担当していた。平の職員だったので極秘文書はなかった。

①『日本プロレタリア美術集』　昭和六年七月二十日刊
（昭和二年三・一五事件で共産党員の全国的大検挙四百八十三人起訴）

その頃の地下活動の実情が絵画などでリアルに表現してある。戦争前夜のことであり発表されたが禁止になり表紙は破られてない（押収、処分するものを祖父が保存した）。巻頭四枚はカラー、良質紙を使用。弾圧時代によくここまでできたものだ。
②『映画と演芸』昭和九年、十、十一月朝日新聞社
娯楽もの。この年三月満州国帝政実施。十月陸軍省『国防の本義とその強化の提唱』パンフを頒布。政友会がこれを非難。東北地方は冷害、大凶作で秋から冬にかけて娘の身売り、欠食児童続出。行き倒れ、自殺など惨状を極める。また満州事変も拡大していたがまだ軍国調は影響なし。

　父が生前このように話していた。「死者は夢の中で出てきてもモノを言わないということで、姿は見えてもすぐ消える。昨夜、父の操が現れ色々話しかけ、まことに有難い夢を見た。昼間、寺で護摩焚きに先祖供養と記し焚いたが父の遺品の発見も関係があったと思う。全く不思議なことで驚いた。私が戦地で作り父に送ったガリ版文集八冊も一括して中に入っており感激した」

5　肉弾三勇士

肉弾、この言葉は日露戦争の旅順港激戦での体験を描いた桜井忠温の戦記文学小説で一九〇六（明治三十九）年刊行の題名の造語である。

肉体を弾丸に代用する。すなわち敵陣に突進肉薄することである。先の大戦末期、一九四四（昭和十九）年十月、神風（じんぷう）特別攻撃隊が出撃したが、これは飛行機ぐるみで米艦船に突撃したことで知られている。この戦法の始めともいえるのが肉弾三勇士だ。

—一九三二（昭和七）年二月、上海事変勃発。

実はこれが当時の日本の上海公使館付陸軍武官補佐官であった田中隆吉の謀略であったこと

を、私はテレビ番組『私の昭和史』の中で本人から聴き取った――（昭和四十年四月八日放送、三国一朗『戦中用語集』）

久留米工兵第十八大隊第二中隊第二小隊第二斑第一組、作江伊之助、江下武二、北川丞一等兵三勇士が爆薬筒と共に自爆。壮烈なる戦死は軍国美談の典型として一世を風靡した。爆発的に空前絶後の三勇士ブームを巻き起こした。

一九八六（昭和六十一）年二月十九日、朝日新聞『声』欄に掲載された父の投稿である。

「昭和史の貴重な証人、東島氏の死」

先日、東島時松さんの訃報（ふほう）に接した。八十八歳。昭和史の貴重な証人の一人であった。昭和七年、上海事変の時、廟行鎮で「肉弾三勇士」があったが、直接命令を下した小隊長（少尉）である。

「三勇士」は軍国美談として教科書にも載り、当時一世を風靡（ふうび）した。ところが東島さんは「戦地から帰ってびっくりしました。すらごつ（佐賀方言で「うそ」）ばかりでしょう。浪花節も読み切り本も、私が手直しせんでええものはひとつもなかった」と、いちいち訂正されたという。私はそこに真の勇気を見る。また、東島さんは「初めから死ぬつもりだったなどということはない。潔く死んでこいと送り出した覚えもない。人間ならばだれだって死にたくないし、自分の部下はかわいい」あるいは「軍国主義賛美のためつくり上げられた偶像。あまりに美化、神格化された創作ばかり」と断言されたという。

東島さんは毎年四月、久留米のお寺へ三勇士の供養に訪れていたそうだ。ごめい福を祈る。

久留米市のお寺とは御井町永福寺である。また前記「私の昭和史」出演の際のことであるが「三人の捨身の美挙でなく、指揮官の不覚の過失によるもので……火縄の寸法を必要なサイズ一メートルの二分の一に計算したための事故死であったという。その過失を湮滅し、美談に作り替えたのは当時の陸軍大臣荒木貞夫であり、「爆弾三勇士」の命名者も荒木陸相であったと田中はテレビカメラの前で堂々と語った」と「戦中用語集」にある。

この問題については読売新聞西部本社『福岡百年』下（昭和四二年浪速社刊）と同『読売新聞に見る九州、山口の百年』（昭和五〇年、成美堂出版）では小隊長であった東島時松氏の聞き取りを行ってその解明につとめた。東島時松氏は「破壊筒には約三〇センチの導火線がつけられ、これに火をつけて出発しても、目的地に筒を置いて十分帰ってこられるだけの時間が設けてあった。現に三勇士のすぐあとで出発した別の一隊は目的を達して生還してきた。

三勇士が爆死したのは、出発して間もなく先頭にいた作江一等兵が敵の銃弾に当たり、いったん倒れながら再び立ち上がって突っ込んだため、帰ってくる時間がなくなったのだ」

先頭の兵は北川であったので勘違いである。導火線は正式には緩熱導火索といい正副二條、各々長さ三〇センチ、燃焼時間三〇秒で不斉地を抱き走るとき約百メートルを疾走し得る。

もし五〇センチもあれば敵に投げ返される恐れがある。中隊戦史にも明瞭に指示している。

東島さんは帰還後、佐賀県杵島郡白石町社会教育委員長を務められた。父の本籍同郡江北町の隣町である。晩年茨城県の御子息勝利氏のところに移られた。一九八六（昭和六十一年一月二十一日逝去。信念の方であった。

次の言葉も残っている。

「あの戦争そのものが、大学を出て知ったかぶりの連中が有頂天になって始めた戦いだったことだ。現地の実情など連中には全くわかっていなかった。また、なぜ三人だけをことさらに勇者に仕立て上げたのか、私にしてみれば、死んでいった他の多くの若者もみんな同じ勇者だったのに……」

6　入営幟（にゅうえいのぼり）

入営、出征の壮行、凱旋の祝いとして親戚や知人が贈った。

一九三八（昭和十三）年父の入営に勤務先のグリコ株式会社が贈ったもの。　生地スフ。

戦争が長期化して物資が不足したためと防諜（スパイを警戒する）上、一九四一（昭和十六）年関東軍特別演習大動員の時から使用が禁止された。

7　千人針

一片の布帛に千人の女性が赤糸で一針ずつ縫って千個の縫い玉を作り、出征兵士の武運長久、安泰を祈願して贈ったもの（広辞苑）。

腹巻（写真下）は武富登巳男使用のもの。

チョッキはビルマ派遣竜第六七〇三部隊（第五十六師団司令部）故野中信義さんの遺品。出征時に母ハツエさんが持たせたもの。

一九四四（昭和十九）年七月二十八日戦死（竜兵団は雲南地区で中国軍十五師団二十八万人と交戦。六か月の死闘でほとんど全滅した）

蒋介石総統の評価「世界最強の師団」。戦死者一万七千八百九十五人。

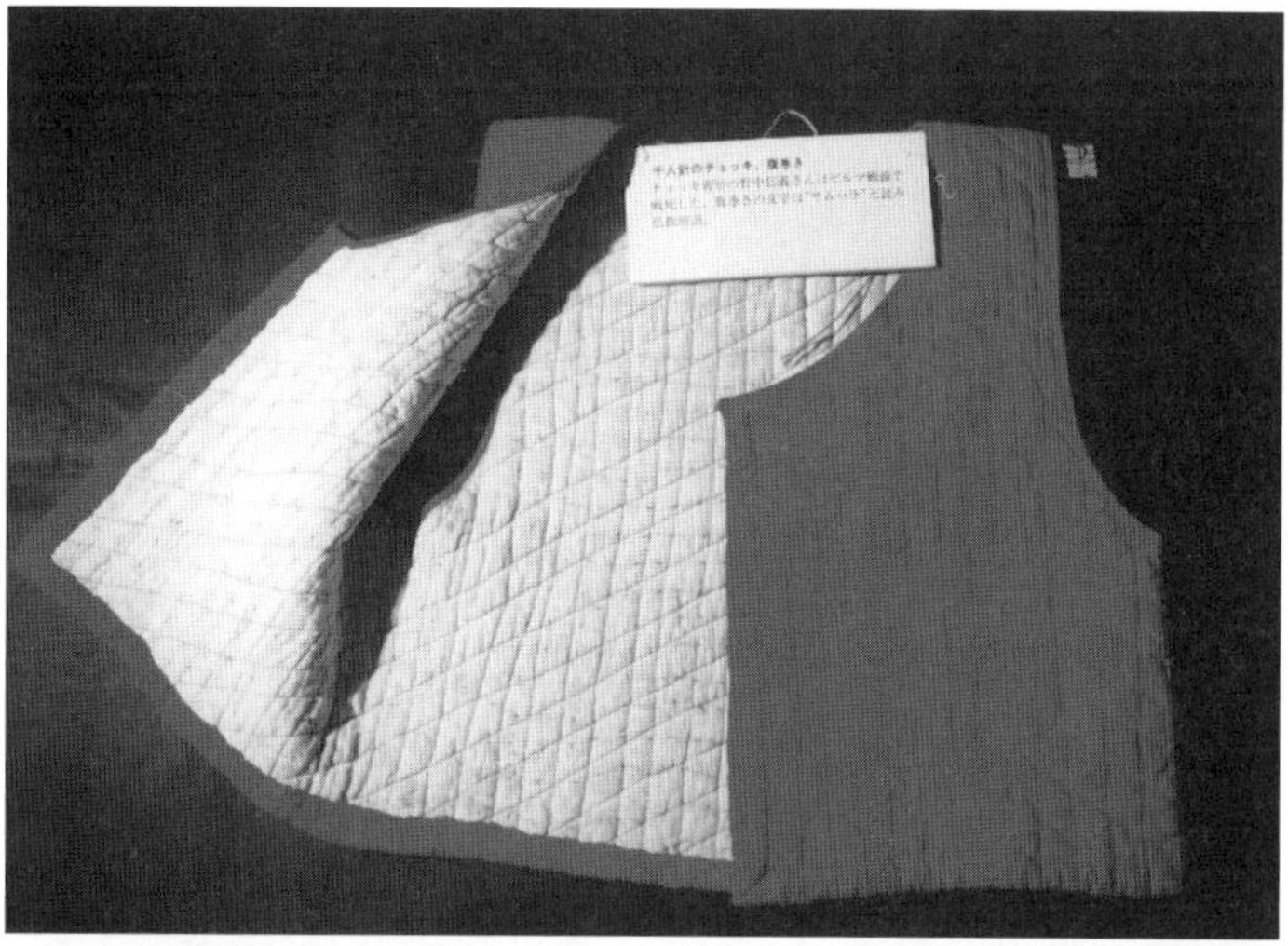

２点グラビア

8　命名式に當りて

一九三八（昭和十三）年九月十日に福岡第一飛行場に於いて海軍に献納した飛行機命名式の小冊子。

報国号命名式委員長名

献納飛行機は

報国号第二一五号（第三西日本号）

報国号第二三三号（第一鉱業号）

報国号第二三四号（第二鉱業号）

の三機で、報国号第二一五号は福岡日々新聞社より又報国号二三三号と二三四号は福岡鉱山監督局よりそれぞれ献納されたもの。

報国号飛行機の嚆矢は昭和七年三月三日に日本毛織株式会社が献納した報国第一号ニッケ号と命名された偵察機である。この時点で二百三十四機が献納されたことがわかる。

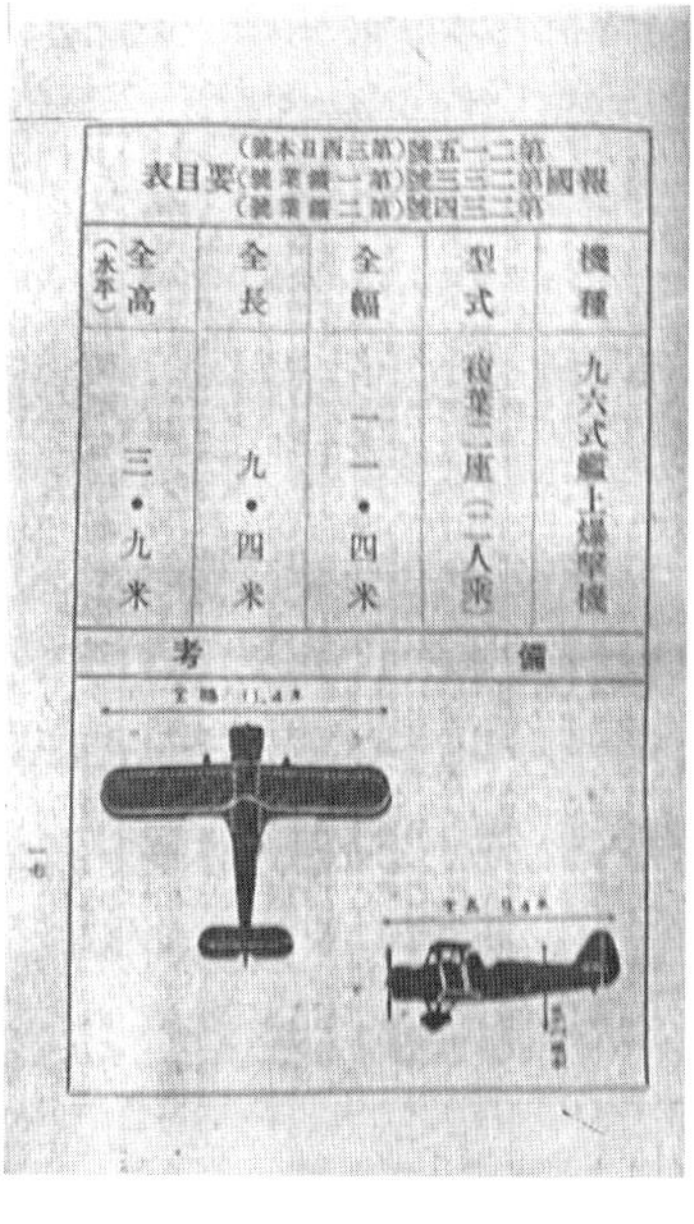

報國第二一五號（第三西日本號）
報國第二三三號（第一鑛業號）
報國第二三四號（第二鑛業號）
要目表

機種	型式	全幅	全長	全高（水平）
九六式艦上爆撃機	複葉二座（二人乘）	一一・四米	九・四米	三・九米

備考

9 講談社の絵本

大日本雄弁会講談社が発行。主に軍人、英雄などをテーマにしたシリーズ。「子供がよくなる」と宣伝。軍国思想普及に効果があった。

10　少年倶楽部、幼年倶楽部

　昭和初期から日中十五年戦争中の小学上学年、下学年の憧れの雑誌。
　大日本雄弁会講談社が発行。女児には少女倶楽部があった。「右手に教科書、左手に少年倶楽部」をスローガンにし軍国熱を普及した。

11　小学校国定教科書

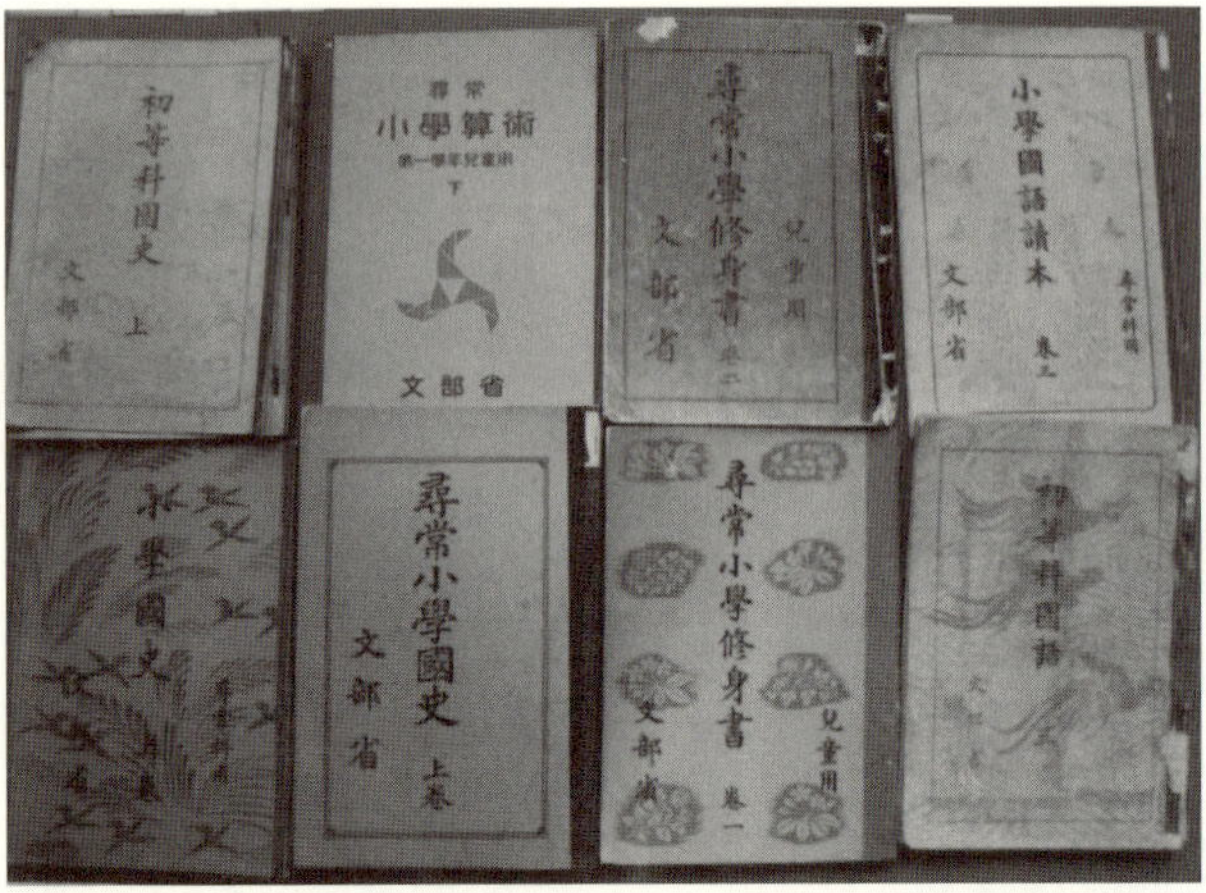

戦時色が濃くなり
「ハナ、ハト、マメ、マス
サイタサイタ　サクラガサイタ」から
「ススメススメ、ヘイタイサンススメ」の
時代に

12　双六　大東亜共栄圏めぐり

農村向け家庭雑誌「家の光」一九四四（昭和十九）年正月号付録。

東京を振り出しに各国を回り、また帰って来る。振り出しから始め、数人が順に一個のサイコロを振り、その出た目の数だけ進み、早く上がりに達した者を勝ちとする室内遊戯。子供の世界、遊びの中にも戦争が入り込んでいた。

13 湯たんぽ

戦争が長期戦となって金属回収が行われ寺の釣り鐘から家庭の火箸、学生服の金ボタンまでなくなった。それまであった金物（右）が陶器製（左）に変わった。

14　大東亜戦争記念盃

一九四二（昭和十七）年、福岡県朝倉郡三輪村（当時）で出征兵士留守宅に配ったもの。三つ重ね「大東亜戦争記念　三輪村」とあり朱塗り。

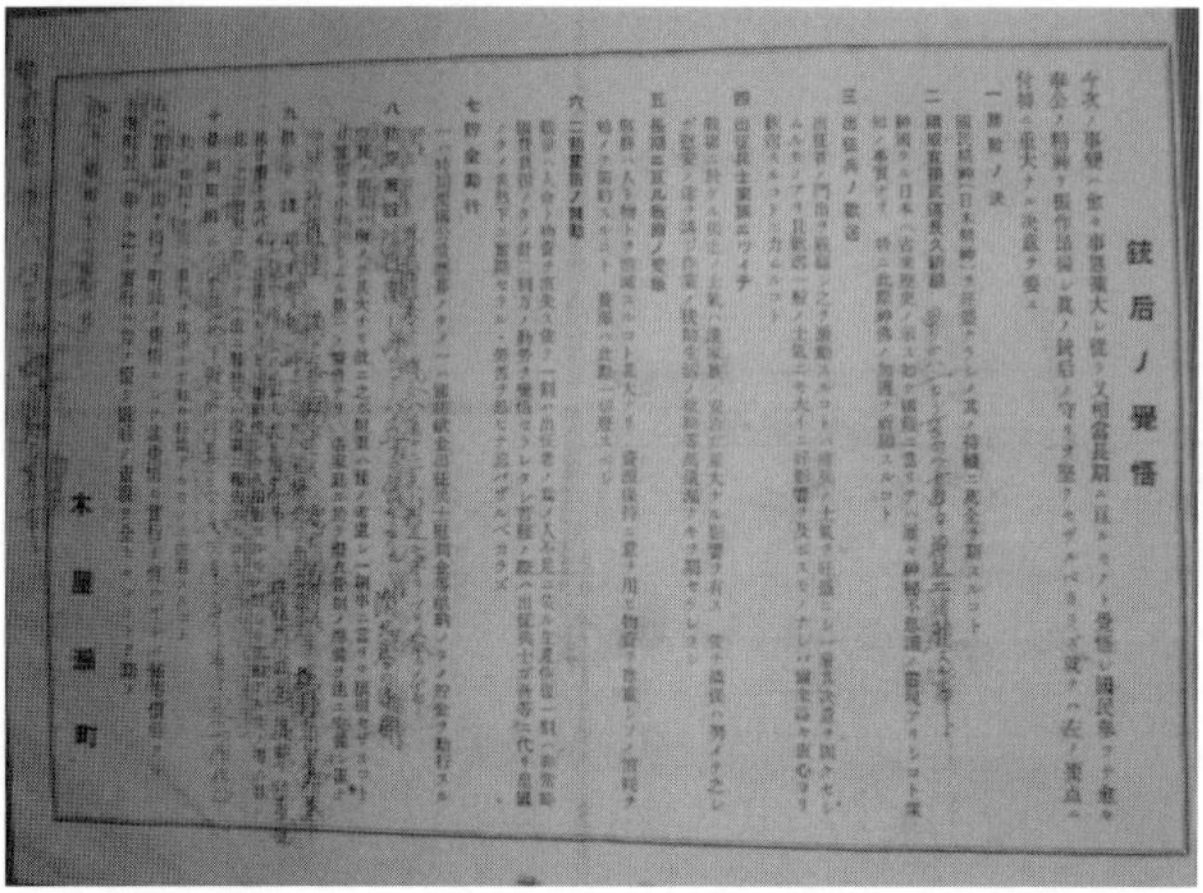

銃后ノ覺悟

木屋瀬町

15　銃後の覚悟

昭和十二年八月、木屋瀬町

福岡県筑前六宿のひとつ、木屋瀬町で戦時中各戸に張り付けられていたもの。

神頼みの思想が出ている。全国共通のことでもあった。

16　慰問文

「しっかりやって……」「がんばって」

前線で戦っている兵士たちに内地の女性からの励ましの手紙が慰問文である。

わが国は一九三一（昭和六）年九月十八日の満州事変から一九四五（昭和二十）年まで十五年間中国と戦争をした。初代館長の亡父はそのうち六割に相当する九年間、中国、南方各国と主要戦闘に歴戦した。一九四二（昭和十七）年初の本土空襲以来、米軍の反攻が激化、大陸や南方への輸送が困難となり兵器、糧秣補給も不自由となり郵便物も細々と続けられる実情であり、一九三五（昭和十）年から一九四〇（昭和十五）年頃までが慰問文の最盛期であった。

「母国からの御便りこそ真に兵士の慰安であり、楽しみで」（文集の中の一兵士の返信）あった。だが作戦中は行軍で終始動いているし、体は疲労困憊、身につけるものはチリ紙一枚でも捨てて身軽になりたいので手紙類も捨ててしまい後には残らない。戦争のその時どう思っていたのか、録音によるテープなどの発達していない時代のことであるから、書かれたもので追跡するより方法がない。修正や訂正のある活字になる前の生のものだけに貴重である。

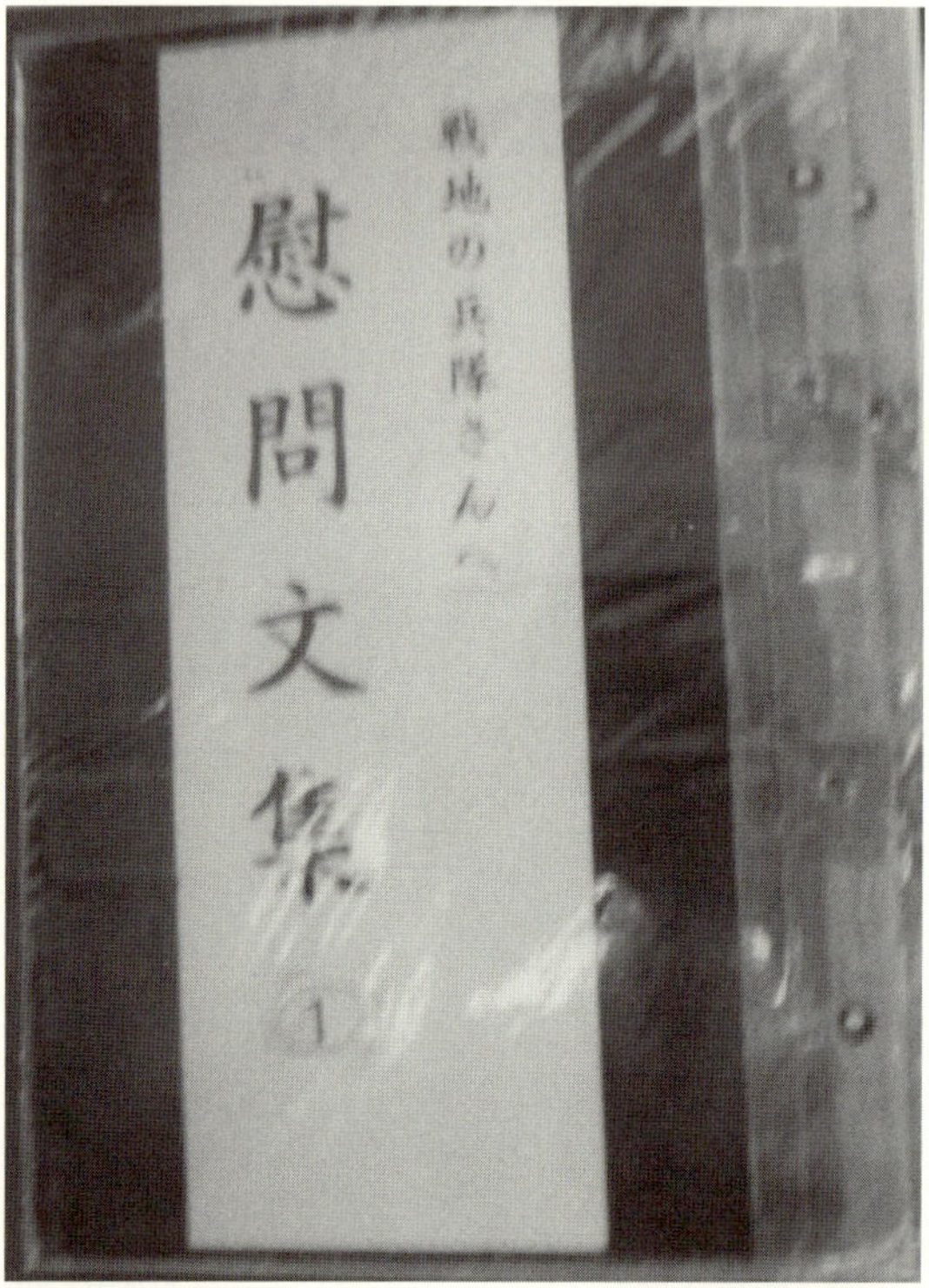

郷土兵団の久留米第十二師団は満州とソ連との国境守備に当たっていた。父は一九三八（昭和十三）年から一九四一（昭和十六）年三月までソ連最大の基地ウラジオストックの北方約百キロ地点の東寧に駐留していた。慰問文はその間に届いたものがほとんどである。

全国的に現物がほとんど残っていないだけに研究者の注目を集めた。一九九五（平成七）年『別冊宝石２４０』に発表された『銃後の女性と慰問文のエロス（佐伯修著）』はこの慰問文集を見てのレポートである。また、二〇一九年三月出版された『みんなで戦争—銃後美談と動員のフォークロアー』（重信幸彦著・青弓社）にもこの慰問文を読んだ時の印象が述べられており、当時の女学生たちが使用した便せんに印刷された挿絵コピー数枚も挿図として使われている。戦争の実態を知る上で参考になるのでお読み頂きたい。

紀元二千六百年といわれた一九四〇（昭和一五）年に書かれた慰問文だがすでに七九年が経っている。「軍国主義時代」「戦争」「お国のため」と国をあげて熱中した頃の気持ちを知ることが戦争の反省につながるのである。

17　軍人遺族記章授与証書

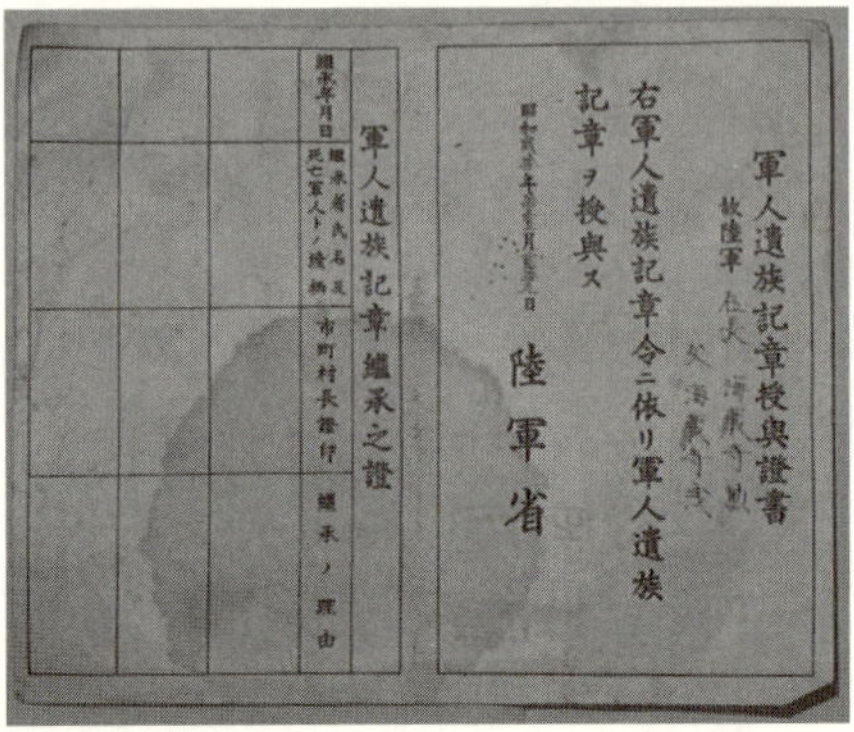

軍人遺族記章授與證書

故陸軍

右軍人遺族記章令ニ依リ軍人遺族記章ヲ授與ス

陸軍省

軍人遺族記章繼承之證

繼承年月日

繼承者氏名及死亡軍人トノ續柄

市町村長證行

繼承ノ理由

戦死者遺族であることを証明する。

一九四〇（昭和一五）年

「故陸軍伍長　海蔵寺　勲

父　海蔵寺　淺」とある。

18　感謝状

感謝状

今次大東亞戦争ニ際シ将兵慰問ノ為恤兵金ノ寄附ヲ辱ウシ感謝ニ堪ヘス茲ニ深厚ナル謝意ヲ表ス

昭和十八年十二月

海軍大臣嶋田繁太郎

鎗源九郎殿

恤兵金寄附への海軍大臣の感謝状。
一九四三（昭和十八）年十二月付

19　麦と兵隊

昭和十三年十月一日第五刷

父が現役兵として出征した一九三八（昭和十三）年に雑誌『改造』に発表され翌月刊行された火野葦平のベストセラー。百万部以上の版を重ねた。

グラビア

前年に支那事変が勃発。翌年五月の徐州会戦での日本軍の状況を活写した作品である。この本がきっかけとなり陸軍報道部がさっそくこれを歌にすることに。

作詞を藤田まさとに依頼。当初、「ああ生きていた生きていた生きていましたお母さん……」と歌いだしの歌詞を書いたが軍当局から「軍人精神は生きることが目的ではない。天皇陛下のために死ぬことが目的だ」と訂正を命ぜられ「徐州徐州と人馬は進む……」という歌詞に書き換えられた。滅多に歌など歌わない父は酒が入りほろ酔い加減になると、必ず東海林太郎が歌った「麦と兵隊」と「国境の町」を唄っていたのを今でも思い出す。

満州の東寧という国境の町、厳寒の冬は零下四十度にもなるという所で、国境守備に当たっていた初年兵時代を思い出していたのだろうか。

20　御下賜繃帯用桐箱

和歌山歩兵第六十一連隊福成佐一上等兵が南支従軍中入院。その時下賜されたもの。

21　祝電

一九三八（昭和十三）年七月二十日

福岡歩兵第二十四連隊柴尾隊　岸秀一宛

出征、凱旋などに親類、知人などが打ったもの。部隊名も固有号を使っている。支那事変が始まり、まだ一年目。防諜的な配慮がまだなされてない頃。

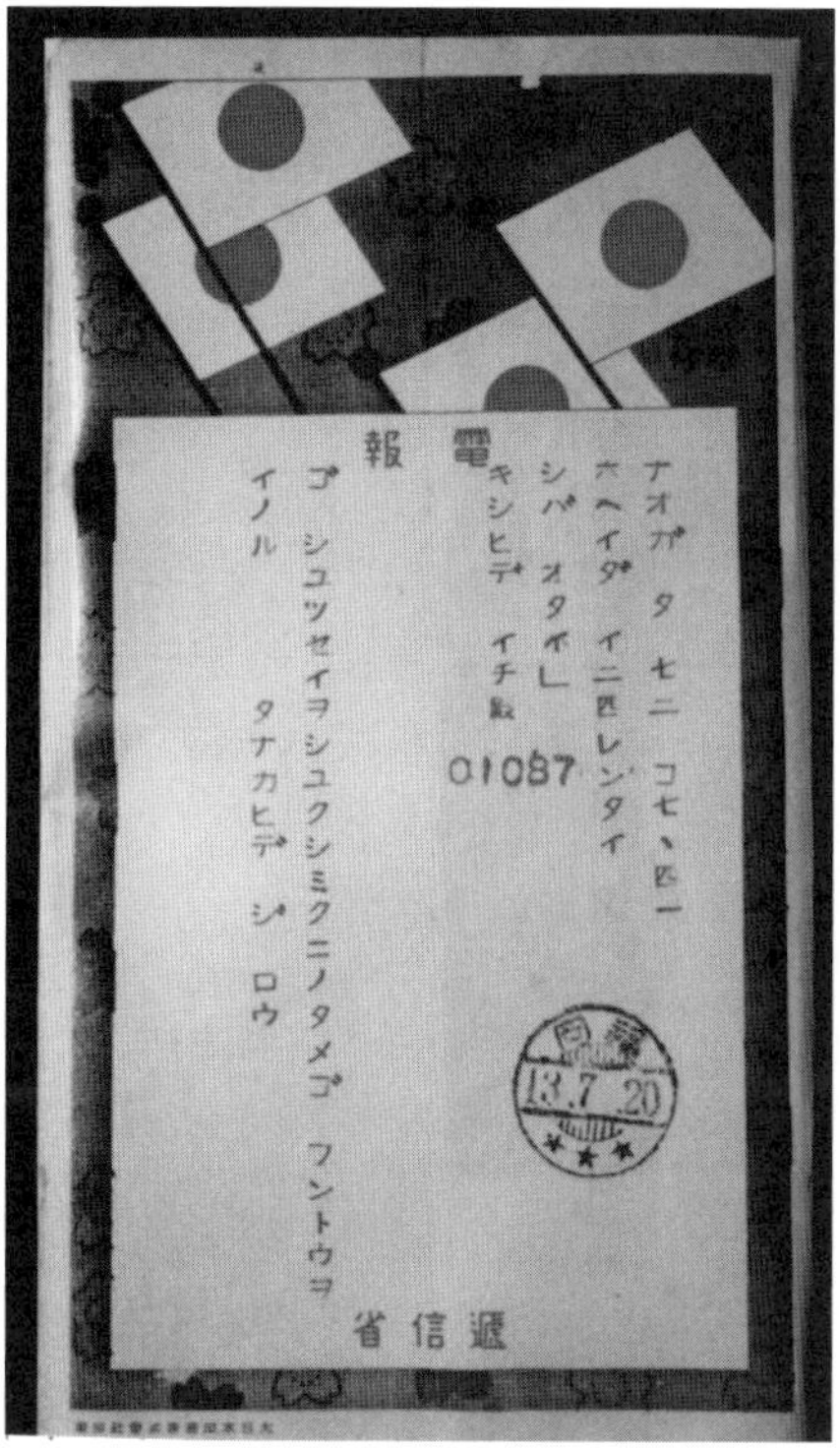

22　贈呈状

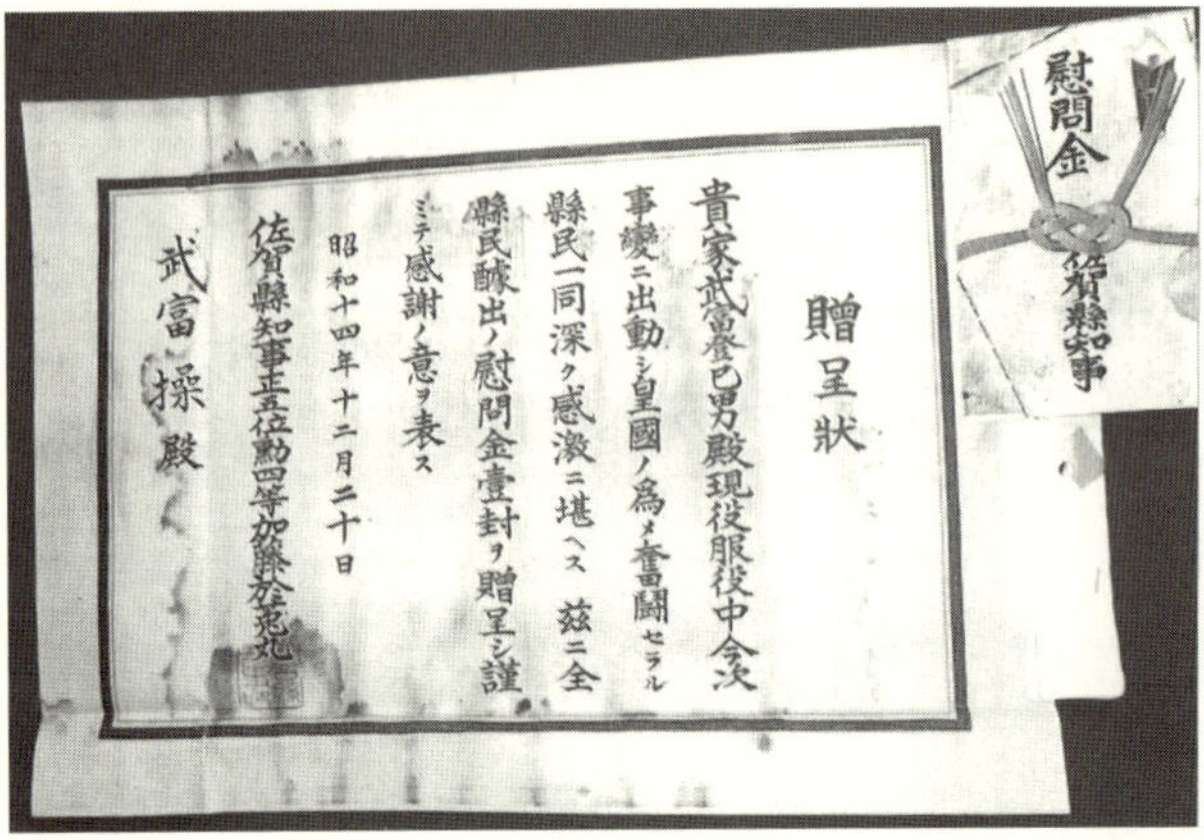

贈呈状

貴家武富巳男殿現役服役中今次事變ニ出動シ皇國ノ為メ奮闘セラル縣民一同深ク感激ニ堪ヘス　茲ニ全縣民醵出ノ慰問金壹封ヲ贈呈シ謹ミテ感謝ノ意ヲ表ス

昭和十四年十二月二十日

佐賀縣知事正五位勲四等加藤於兎丸

武富操殿

一九四四（昭和十四）年十二月二十日
佐賀県知事より県民からの醵金をもとに出征軍人留守宅への慰問金を贈呈する。

23　賜金国庫債券

一九四〇（昭和十五）年四月二十九日武富登巳男　勲八等瑞宝章にともなう賜金九拾円二十年払いで年二十八銭。

本人は出征中で祖父が十六、十七、十八、十九の四年間受領。

敗戦後は価値観の変化とインフレで受領せず。国債は無記名が原則だが賜金には特に記名あり。

24 勲記

勲章授与の証書。

明治・大正両天皇は天皇の呼称が「日本国皇帝」。二・二六事件直後の一九三六（昭和十一）年三月から「大日本帝国天皇」とし天皇をいちだんと神格化。一九四〇（昭和十五）年は紀元二千六百年の式典が十一月十日盛大に行われた。叙勲は天皇誕生日、国璽は国家の表章として押す官印。一九七一（明治四）年制定方三寸の黄金材「大日本国璽」の五字を刻し国書、親書、勲記などに用いる。侍従長が保管。一番多く発行された一般的な勲記。

25　公報一

留守部隊長名で遺族宛。これは戦死後十二日して通知。軍からはこの通知だけで詳しいことはわからない。中隊長などで詳細を知らせるのも個人的な例で、戦争が激化するにつれ、そのようなこともなくなった。

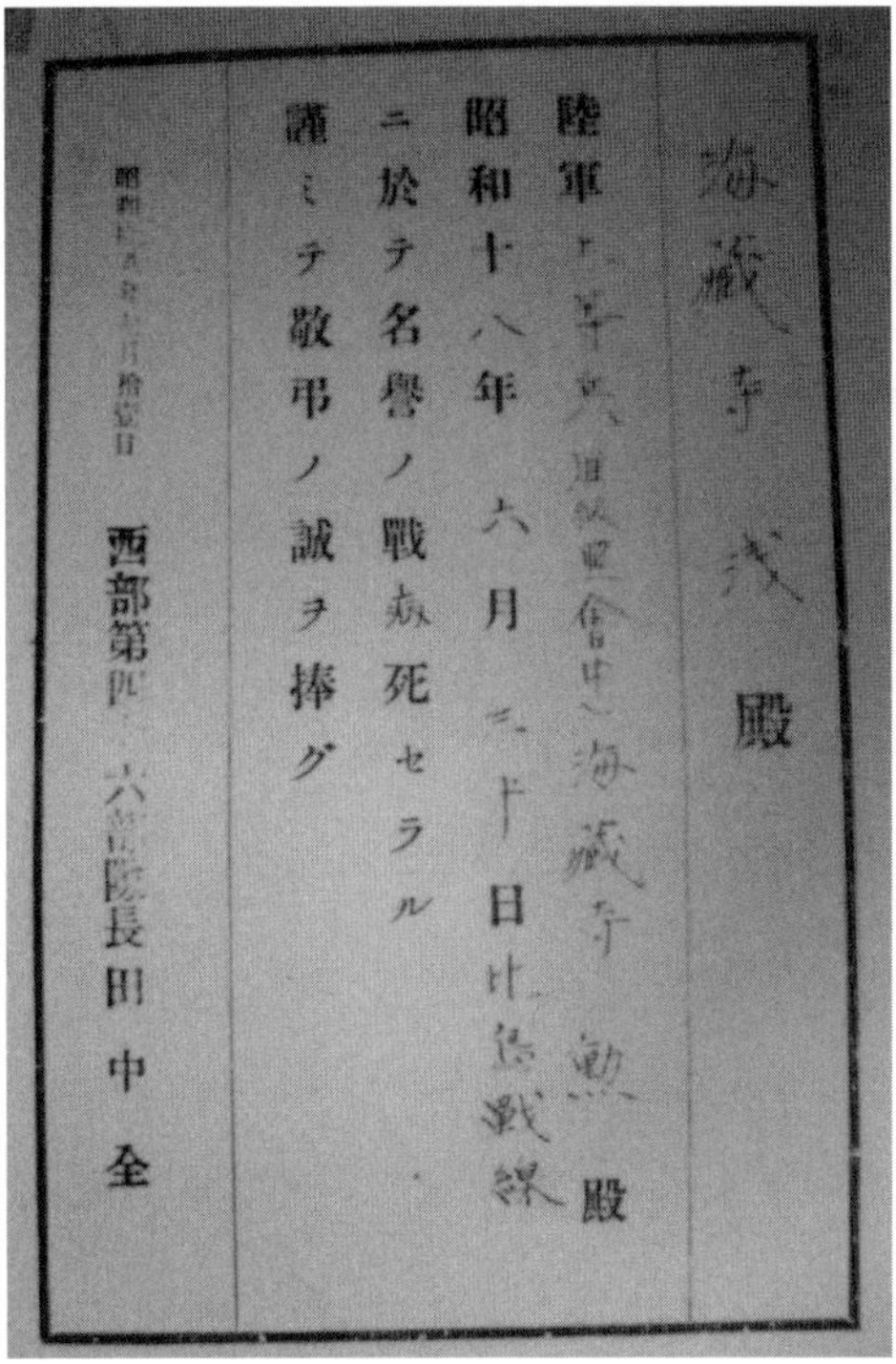

海藏寺　殿

陸軍　海藏寺　殿

昭和十八年六月二十日

ニ於テ名譽ノ戰死セラル

謹ミテ敬弔ノ誠ヲ捧グ

西部第　隊長田中全

26　公報二

留守家族にとって悲しい知らせが公報。

一九四五（昭和二十）年八月十日戦死　松浦学さん。発行者が福岡県民生部第二世話課長名になっているのは一九四五（昭和二十）年十二月「第一復員省」（陸軍）の下に各地方世話部ができたため。

復員関係業務の大半と旧連隊区司令部から引き継ぐ。公報、遺骨遺留品、兵籍、軍人軍属の給料計算なども行った。

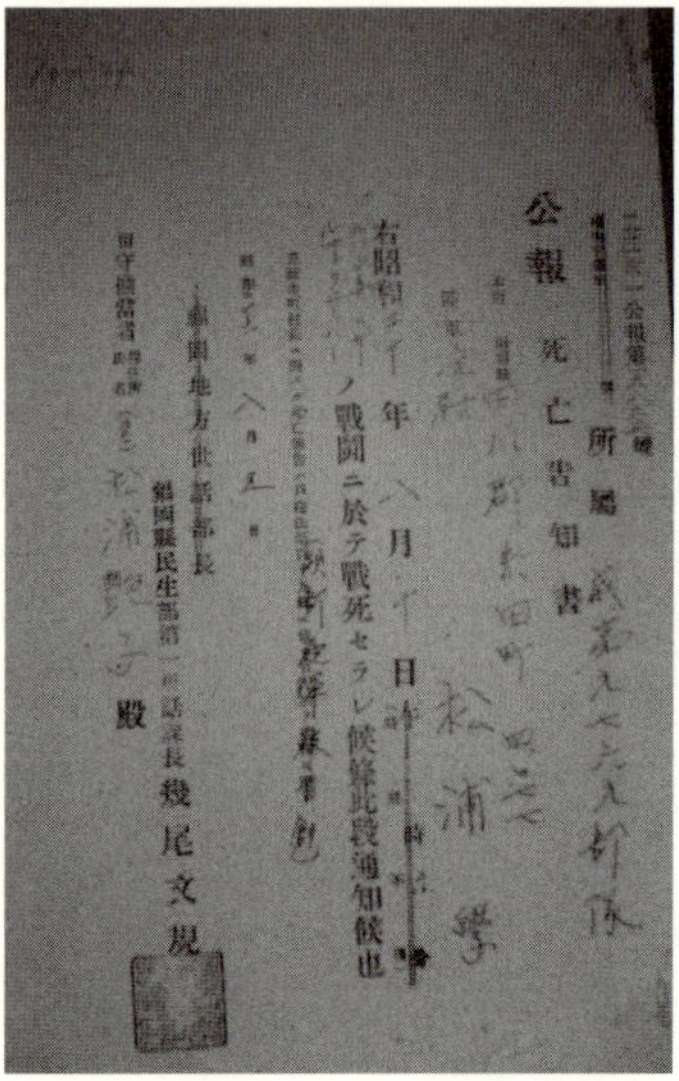

公報　死亡告知書

所属

右昭和　年　月　日　ノ戦闘ニ於テ戦死セラレ候條此段通知候也

福岡県地方世話部長

殿

27　紙不足一

国債、拾円で金額は同じでも支那事変中昭和十四年十二月十一日発行。縦十八・三センチ、横二・五八センチ。

大東亜戦争中　昭和十八年八月二十日発行。縦十二・九センチ　横十八・二センチ

四年後には大きさがちょうど二分の一に。

28　紙不足二

戦争が広がり長くなると物資が欠乏する。紙もだんだんなくなる。市民の足である市電の切符も支那事変以来年々小さくなった。

1、2　東京　昭和10年
3、　大阪　昭和11年8月26日
4、　大阪　昭和13年4月17日

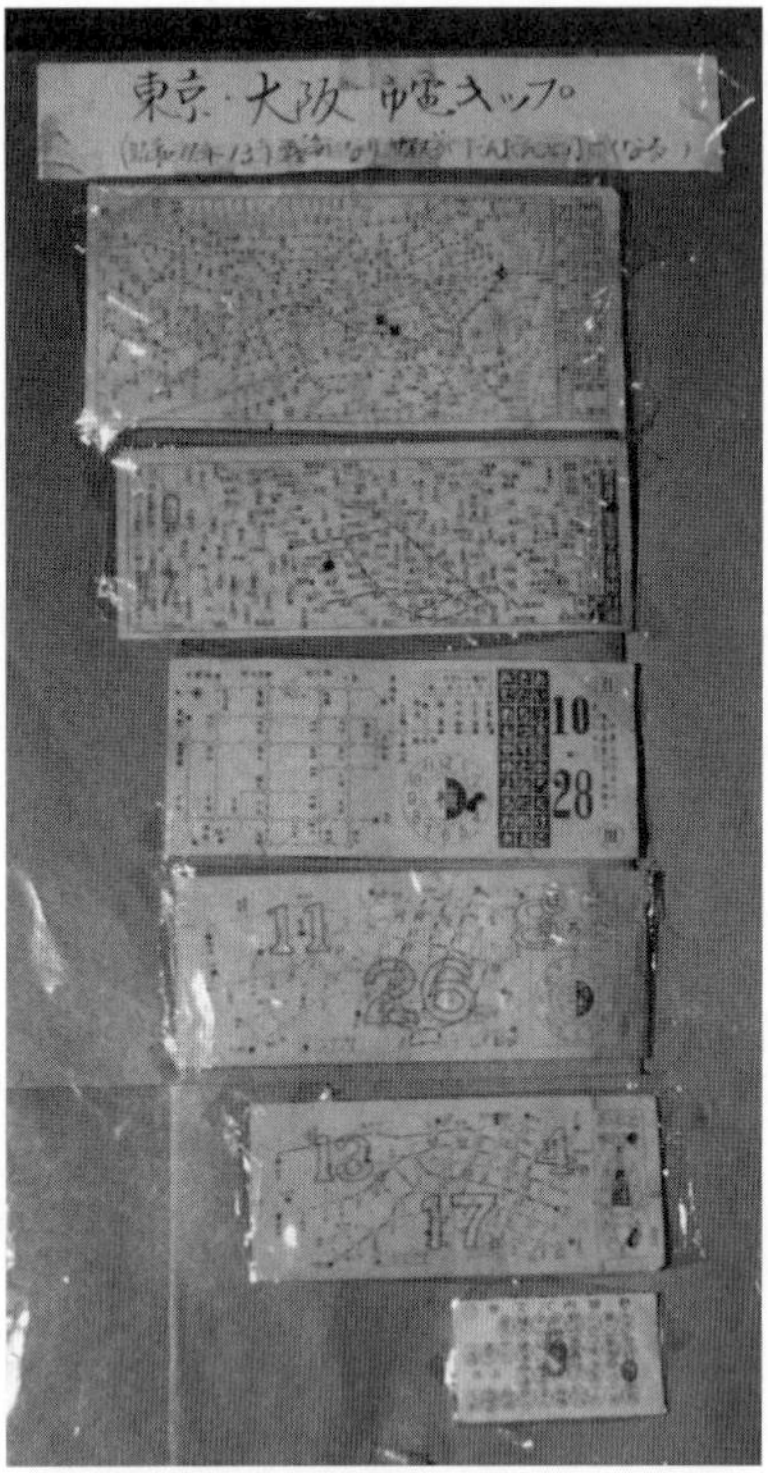

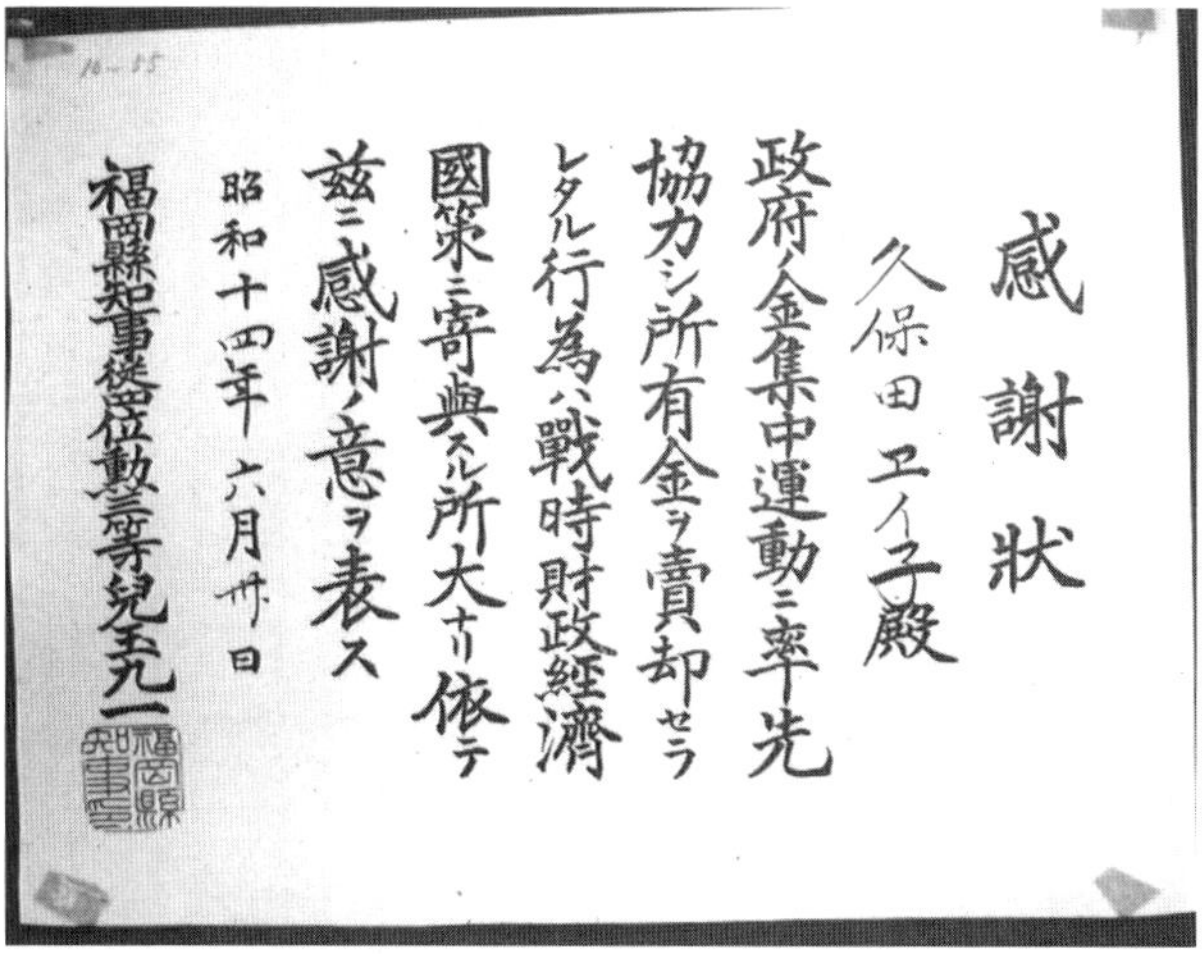

感謝状

久保田エイ子殿

政府ノ金集中運動ニ率先協力シ所有金ヲ賣却セラレタル行為ハ戰時財政經濟國策ニ寄與スル所大ナリ依テ茲ニ感謝ノ意ヲ表ス

昭和十四年六月卅日

福岡縣知事從四位勳三等兒玉九一

29 兵器の資源に感謝状

一九三九（昭和十四）年三月二十五日

軍用資源秘密保護法公布

一九四四（昭和十九）年金属回収令。家庭からも銅、鉄などを供出。「一国生産力の根幹、戦争資源の中枢」とし、政府命令で強制的に差し出させた。家庭、町からすべての金属製品が姿を消した。福岡県直方市在住の久保田エイ子さんは結婚記念金指輪を昭和十四年六月三十日供出。寺は供養ののち梵鐘も供出した。

30　合祀通知

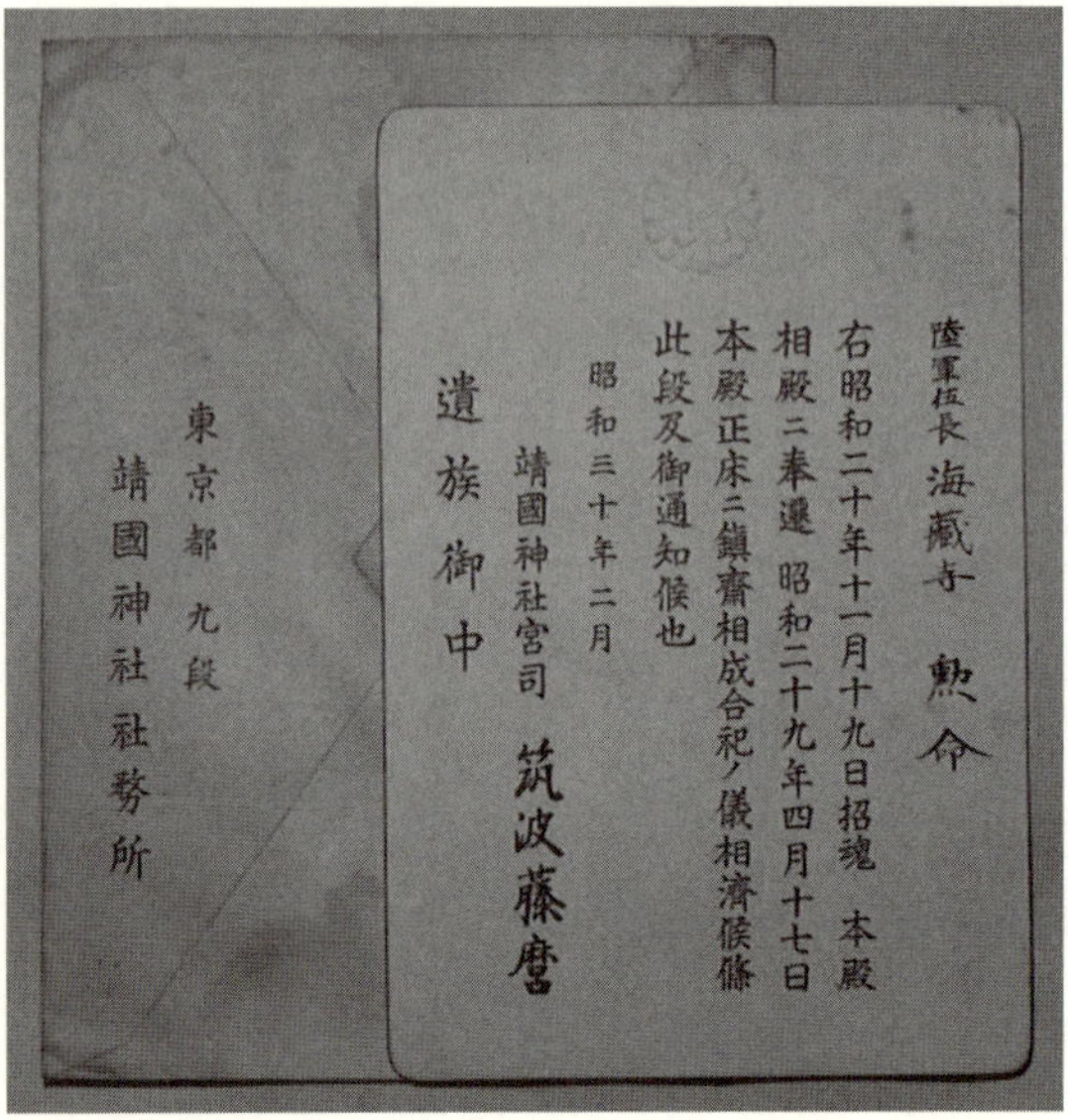

陸軍伍長　海藏寺　勲命

右昭和二十年十一月十九日招魂　本殿
相殿ニ奉遷　昭和二十九年四月十七日
本殿正床ニ鎮齋相成合祀ノ儀相濟候條
此段及御通知候也

昭和三十年二月

靖國神社宮司　筑波藤麿

遺族御中

東京都　九段
靖國神社社務所

靖国神社から遺族へ
一九五五（昭和三十）年二月
遺族特別参拝券及び戦没者遺族旅客運賃割引証がついている。海蔵寺淺（父）さんは「兄弟二人が死んで……」と参拝しなかった。

31 戦傷病者乗車券・急行券引換証

一九八二（昭和五十七）年度分

有効期間　昭和五十七年四月一日から昭和五十八年三月三十一日

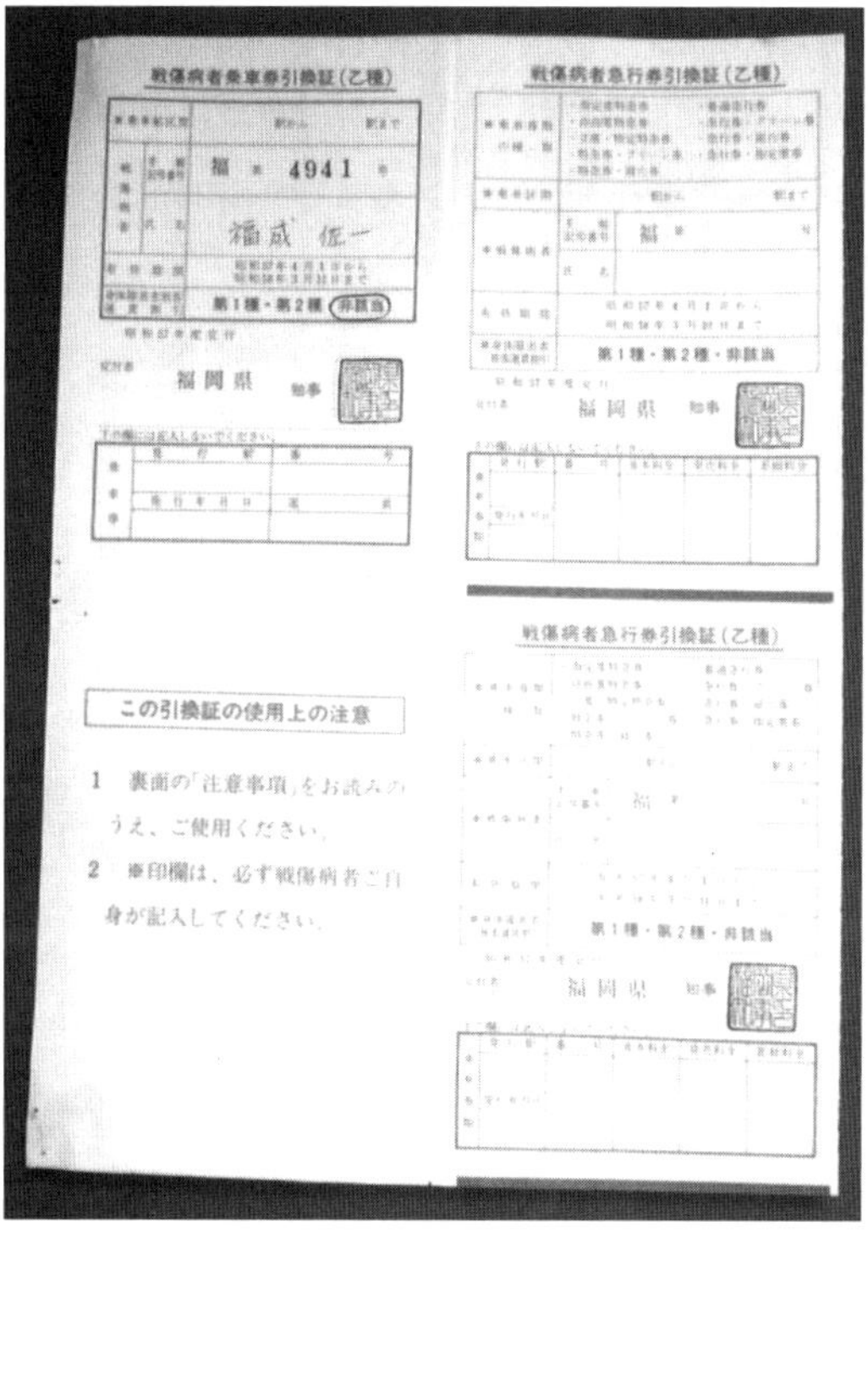

戦傷病者乗車券引換証（乙種）

福 第 4941 号

福成 伍一

第1種・第2種・非該当

福岡県 知事

この引換証の使用上の注意

1 裏面の「注意事項」をお読みのうえ、ご使用ください。

2 [illegible]印欄は、必ず戦傷病者ご自身が記入してください。

戦傷病者急行券引換証（乙種）

福 第 号

第1種・第2種・非該当

福岡県 知事

戦傷病者急行券引換証（乙種）

福

第1種・第2種・非該当

福岡県 知事

32　レコード

戦時中の流行歌は軍歌が主。東海林太郎、上原敏などが活躍。一九三八（昭和十三）年、「麦と兵隊」、「支那の夜」、「雨のブルース」「満州娘」。一九三九（昭和十四）年「愛国新軍歌」、「九段の母」、「上海ブルース」。一九四〇（昭和一五）年「暁に祈る」「月月火水木金金」一九四一（昭和十六）年「ああ草枕幾度ぞ」「琵琶湖哀愁歌」など、また士気を高めるため進軍歌も作られた。

33　衣料切符

第二次世界大戦中の一九四二（昭和十七）年、物資不足のために施行された衣料の配給制度の切符。

他の配給と違って、品目によって布の消費量や生活必需度が違うため、細かな点数制が作られたところに特徴がある。切符の有効期限は一年間。ネル、さらし、手ぬぐ

い、靴下などの必需品については、添付の制限小切符によって購買数が制限されていて、余った点数があっても、その品目は購入できない仕組みになっていた。一人の割当ては、都市部百点、郡部八十点で品目点数は、たとえば一九四三（昭和十八）年では、シャツ（ワイシャツを含む）

十二点、猿股（さるまた）四点、靴下一点などであり、ワイシャツ、下着シャツ、靴下、猿股は四点ずつ購入すると、すでに制限点数を越える不自由なものであった。しかも衣料切符制施行と同時に小売店の統廃合が行われ、また戦局が押し迫るにつれて、店舗への供給数が極端に少なくなったことから、切符はあっても実際には購入できない状態になった。

この衣料切符制度は、戦後も衣料生産状況のよくなる一九五〇（昭和二十五）年まで続けられた。

（日本陸海軍事典）

34　撃ちて止まむ（うちてしやまむ）

資料館に入ってすぐ窓の上になる壁に「撃ちてし止まむ　第三十八回　陸軍記念日陸軍省」と書かれたポスターが掲げられている。着剣した銃を両手で握り、足は力強く大地を蹴り、英国旗を踏みつけていて、右足は膝を曲げ、まさに突撃に移る前傾姿勢の兵士。まなじりを決し敵に肉薄せんとする闘志あふれる勇ましい姿。右側の後方には日の丸の旗をたてた戦車の列が続いて戦中ポスター中の傑作。

陸軍記念日には次のような由来がある。

日露戦争（一九〇四〜一九〇五）において日露両軍が最大の兵力を集中して戦った奉天会戦で、日本軍が勝利し奉天を占領した。一九〇五（明治三八）年三月一〇日を記念する日。陸軍省は一九〇六年一月二五日、奉天会戦一周年を迎えるにあたり、三月一〇日を陸軍記念日と決定し、以後毎年同年同日に祝意を表すよう達した。

撃ちてし止まむ、即ち敵を撃たずにおくものかの強い決意を現わしているが、出典は『古事記』の「神武天皇東征」の時の歌。

みつみつし　久米の子らが　垣下に

植えしはじかみ　口ひひく　われは忘れず
撃ちてし止まぬ

一九四三（昭和一八）年三月一〇日が第三十八回の陸軍記念日。たまたま前月二月にガダルカナル島転進作戦が行われていた。戦局の前途に対し、国民の戦意高揚を図る必要があったためこの言葉が使われたが、敗戦まで氾濫的に流行した。ポスターは全国に五万枚配布されたが転進が実は撤退であることは国民には知らされなかった。そして戦争の勝敗がわかれたところである。以後は各戦線で敵の反攻が本格化。日本軍は玉砕、撤退を続けることとなる。

ポスターの企画は一年前の一九四二（昭和十七）年四月、陸軍省が南方戦線記録画作成のため一流画家をシンガポールに派遣したことから始まった。

シンガポール陥落は先の戦争での最大のヤマ場であった。最前線での兵士の次のような体験例もある。

一九四二（昭和十七）年二月十五日午後一時、ユニオンジャックと白旗をかかげた英軍軍使ニュービギン代将らの写真は象徴的だが、歩兵第四十二連隊（安藤忠雄大佐）陣地正面、近くの競馬場の丘の裾で第三中隊散開正面にやはり白旗をかかげ英兵が三、四人、ノートのようなものを広げていわく「ヤオーレ、タマツキ、マイリマシタ」なんと日本語だ。「矢折れ、弾丸尽き、参りました」何だかユーモラスでさえある。日本語担当をやった人であろう。古風な表現がぴったり出ていて面白い。

当日午後七時、山下、パーシバル両将軍の会見は「イエスか、ノーか」でよく知られているがブキテマ北方約一キロのフォード工場で行われた。当日歩哨に立った四十二連隊の兵士の証言。

「パーシバル将軍以下四、五名の将校会場に入り椅子に掛け、待つことの長かったが、ようやく山下将軍が入ってきて、どかっと椅子に腰かけた。お互いに見入ることしばらく、ようやく会議が始まった。山下将軍が無条件降伏を迫り、パーシバル将軍は無言だったが、何事かを言ったと思ったら突然、山下将軍は椅子からスクッと立ち上がり、「明日とはなんだッ!」と右手で力強くテーブルを叩いたので筆記用のインク瓶が倒れ、インクが流れ出したのをはっきり見た。

七時五十分無条件降伏確認、「降伏ニ関スル回答書」に署名がなされたのでその直前の一幕と思われる。ただ「山下将軍の態度は威厳と迫力があったが、ニュース映画で見るような高圧的な感じがするものではなかった。パーシバル将軍が貧相だったたので対照的になったのかも」との証言も。真相は撮影班にいた陸軍報道班員亀山松太郎が撮影に手心を加えた。「実際の会見の模様では、会話のテンポなどが非常にのろいので、私は咄嗟の考えから、カメラの回転速度を落として撮影してみた。ところがそれが結果の上では山下将軍とパーシバル将軍との、その位置や人柄などの特長が一層はっきり現れて成功だったと思います」というのである。

しかし、それを知らない国民は、山下将軍の態度が傲岸不遜で、日露戦争の旅順陥落のあとの乃木将軍とステッセル将軍との会見に見られたような人間味に乏しいとして山下将軍の旗色が悪くなった。つまり当初は国民の血を躍らせた場面が、次第に逆の反応を呼ぶようになる。あれでは武断以外の何物でもない、と非難されることにもなった。

三国一朗『戦中用語集』

宮本三郎画伯の「山下・パーシバル両中将会見図」（一九四二年、油彩、一八〇・七×二二九・五センチ、東京国立近代美術館）は画伯が丹念に資料を集め忠実に再現した。

藤田嗣治画伯の後の作品「サイパン島同胞臣節を全うす」（一九四五年）は同年四月と陸軍美術展で展示されたが「人々は悲憤の涙をとめ得ないでいた」（四月十三日付朝

日新聞)。

緒戦が圧倒的勝利で陥落後に治安が確保されたのは三か月経って五月頃、「もう大丈夫だ」と大本営派遣報道斑や慰問団が次々シンガポールにやってくる。有名画家の一行も含まれていた。「ブキテマ高地を一番に占領した中隊に話を聞きたい」藤田嗣治画伯が注文。歩兵第四十二連隊第二大隊から大隊長が二月十一日早朝の状況を説明した。画伯はカーキ色の半袖開襟半ズボン、ハイソックスに短靴、胸には将官待遇の黄色の徽章をつけていた。

島内で一番高い五八一フィートの山頂に机と椅子を運び上げていたが、画伯はスケッチブックと鉛筆を机の上に置いて戦況の説明を前方を凝視したまま聞いていた。時折質問、机上のスケッチブックにはいつ書き込まれていたのか縦横の線が六、七本不規則に描き込まれていた。

二、三日してモデル兵を出すことになり、黒岩太一、大野貞一両兵長が選ばれた。占領後は作戦中のぼろ服は新しい服に着替えていたため汗と埃にまみれた作戦中のぼろ服を倉庫から出し、朝日新聞昭南支局へ。ここで藤田画伯と宮本三郎、栗原信、中村研一画伯ら一行に紹介され早速モデルとして仕事が始まる。藤田画伯が黒岩夫人に宛てた手紙で当時の様子などを知ることができる。

「前略、突然お手紙差し上げます。私事四月早々陸軍省より南方派遣記録画作成の為五月末昭南港に着いた由、五月末迄滞在。六月十八日帰京いたしました。早速お手紙差し上げるべき処放送講演原稿その他来客等にて寸暇もなく、雑事多く遅れました事御容赦下され度。実は昭南島に於いて作戦画描く事と相成り軍の方よりその当時の実話又は軍装等実物研究の為偶然にも黒岩太一君と大野貞一氏御紹介下さり、私の外宮本三郎、栗原信、中村研一氏等にてコタバル上陸以来、馬来突破昭南島迄の御奮闘の話聞き又当時の軍装にて写生の為炎熱の土地にていろいろ実戦のポーズをして下さり私共写生以来、いろいろと参考となり御陰様にて感謝いたしました次第です。

お二人共元気にて負傷さえされず全く天祐と存じ上げます。御心配なき様私帰国の上はお国元へその旨御伝えする様約束して帰りました。目下昭南港に居られて非常に元気です。

そうして黒岩君は私達にどうか絵を下さいと申されたので非常に感謝してその写生の事も放送したり随筆などにお名前は出しませんでしたが感激そのままを世間に発表いたしました。実にえらい方です。其の時の写真お預かりして日本にて御国元へ御送りする御約束したもの今日遅ればせながら御送り申し上げます。まずは乱筆乍ら右申し上げます。

七月八日　　藤田嗣治

黒岩百合子様

注

原文のまま。但し二行目下から三行目上の「五月末日昭南港」と「五月末迄滞在」は最初の「五月末日」については「四月末日」の書き誤りと思われる。消印は昭和十七年七月九日

配慮の行き届いた手紙である

藤田画伯の人間味がよく出ていて、率直にご自身の感想を述べ、前線での約束を守られたことに感銘する。画伯は黒岩さんに絵の小品も贈っていたが、これは戦後盗難にあって今はない。

元副官、白石勇氏が「豪北地区の前線において、不思議にも昭和十八年正月号の総合雑誌を見る機会があり、その口絵に藤田画伯による「勇者」という戦争画を見つけた。画面右側に、私には一目でわかるブキテマ山の森林と察せられるものが描かれ

……この絵の勇者は紛れもなく黒岩太一兵長であった」と『山口歩兵第四十二連隊史』に記されている。

陸軍省のポスターは宮本三郎画伯によるもの。藤田画伯には大作もあるし、宮本画伯の降伏調印の図は有名だ。各種ポスターをモデルの両兵長がとるところを皆で描かれたのでこのようになったのであろう。

グラビア

戦後黒岩さんが上京、藤田、宮本両画伯を訪ねた。宮本画伯から『南方従軍画集』一冊を贈られる。終戦直後米軍に画集は取り上げられたが、「黒岩君が帰った時ぜひ一冊渡したい」と天井裏に隠しておられたものであった。

一九九五（平成七）年十

月十七日、父は宇部市のご自宅で黒岩夫妻にお目にかかった。黒岩さんは温厚、誠実なお人柄で五十三年前のことを詳しくお話し頂いた。宮本画伯の従軍画帳のうち「ブキテマで戦った兵士」として黒岩さんの精悍な顔があった。

藤田、宮本両画伯とモデル兵、両画伯とも戦場での約束を守る、実にいい話である。黒岩太一さんには、人間として兵士として魅力があった。その人物のよさが両画伯を惹きつけたのであろう。稀有の不思議なめぐり逢いであるが平和のための邂逅というべきである。

35　徴用工給料袋

一九四三（昭和十八）年

福岡市渡辺鉄工所で飛行機製造に従事した北九州市福成佐一さん（洋服仕立業）のもの。

年間（一月〜十二月）一、二四三円。　月平均一〇〇円。

袋には「頑張れ！敵も必死だ」の標語が入っている。

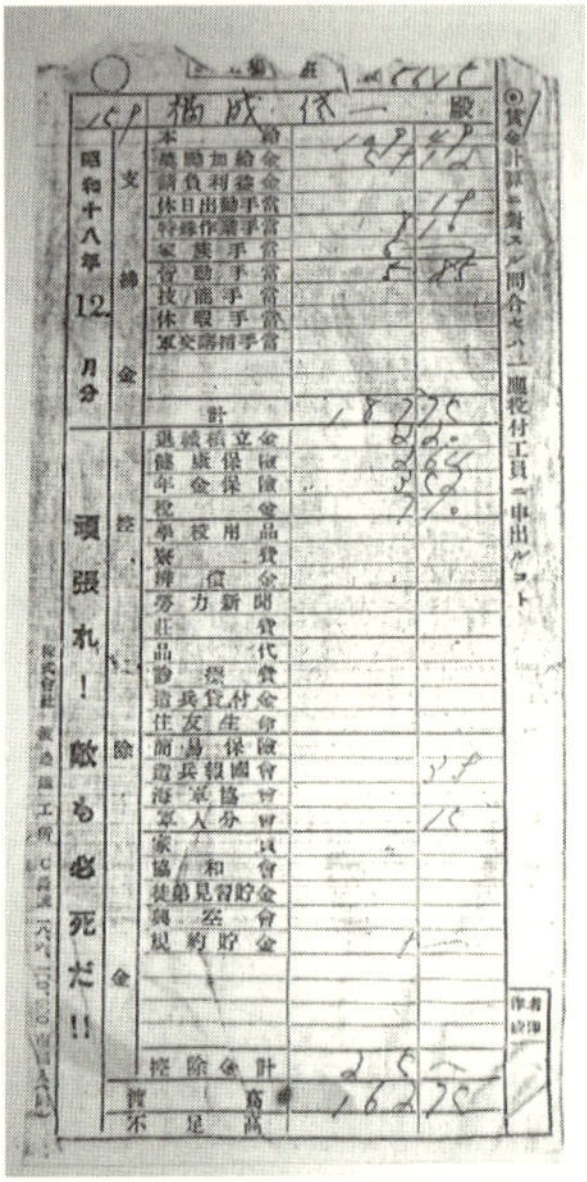

36 「国民」「愛国」貯金通帳

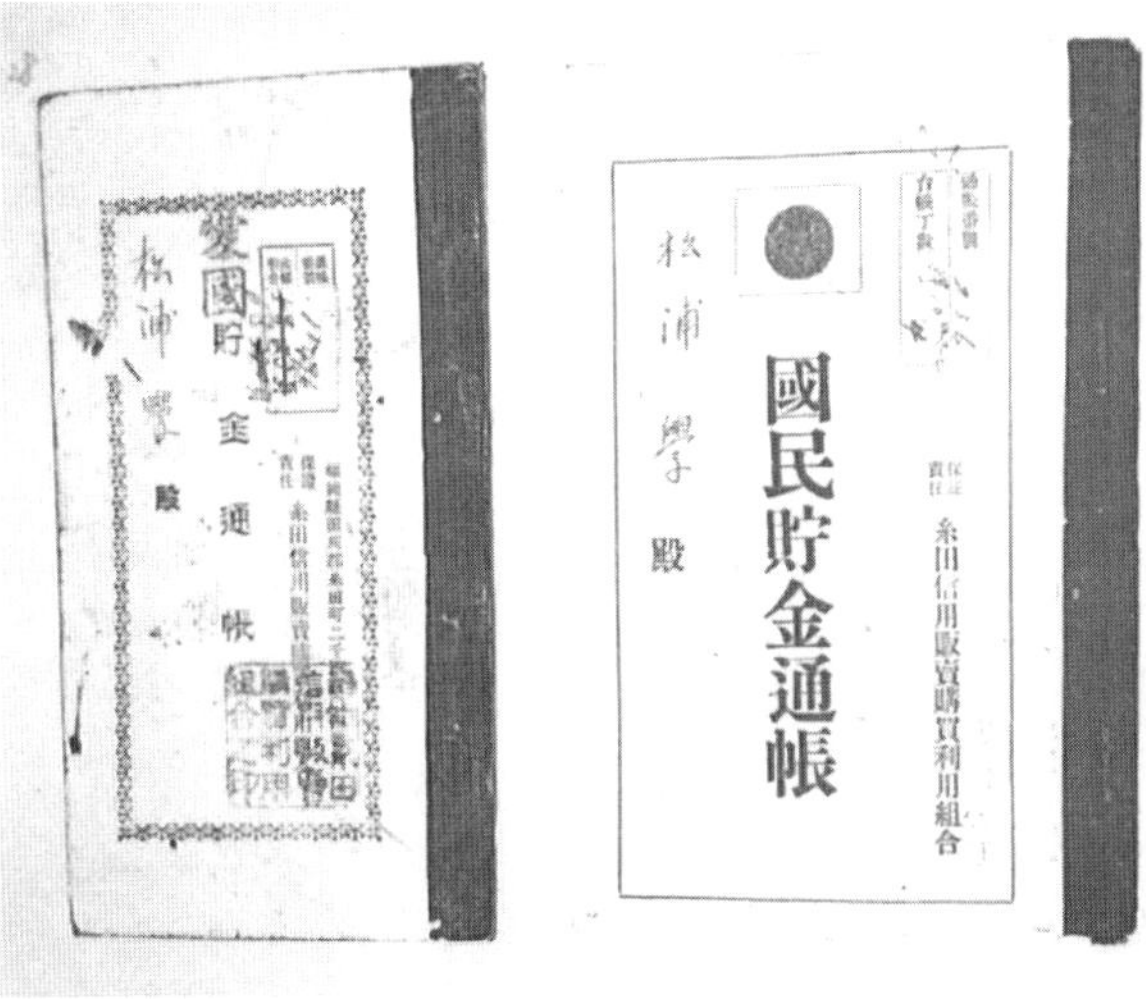

福岡県田川郡糸田町信用販売購買利用組合　同町松浦学さんのもの

「国民」は一九四二（昭和十七）年四月から二十円、八十円など一九四五（昭和二十）年まで二一四七円。

「愛国」は一九四二（昭和十七）年五月から一九四六（昭和二十一）年三月まで二、二五四円。

なお松浦さんは一九四五（昭和二十）年八月十日ルソン島の戦闘で戦死。国は戦費調達のため国民に強制的貯金を督励した。

37　電報

シベリア抑留四年、異国で辛酸をなめ、漸くして生還。夢に見た故国に引揚、上陸第一号で妻に宛てた電報。スタンプ　24・8・8

マイズルツイタ……

吉川末広さんが妻トシコさんに宛てたもの。

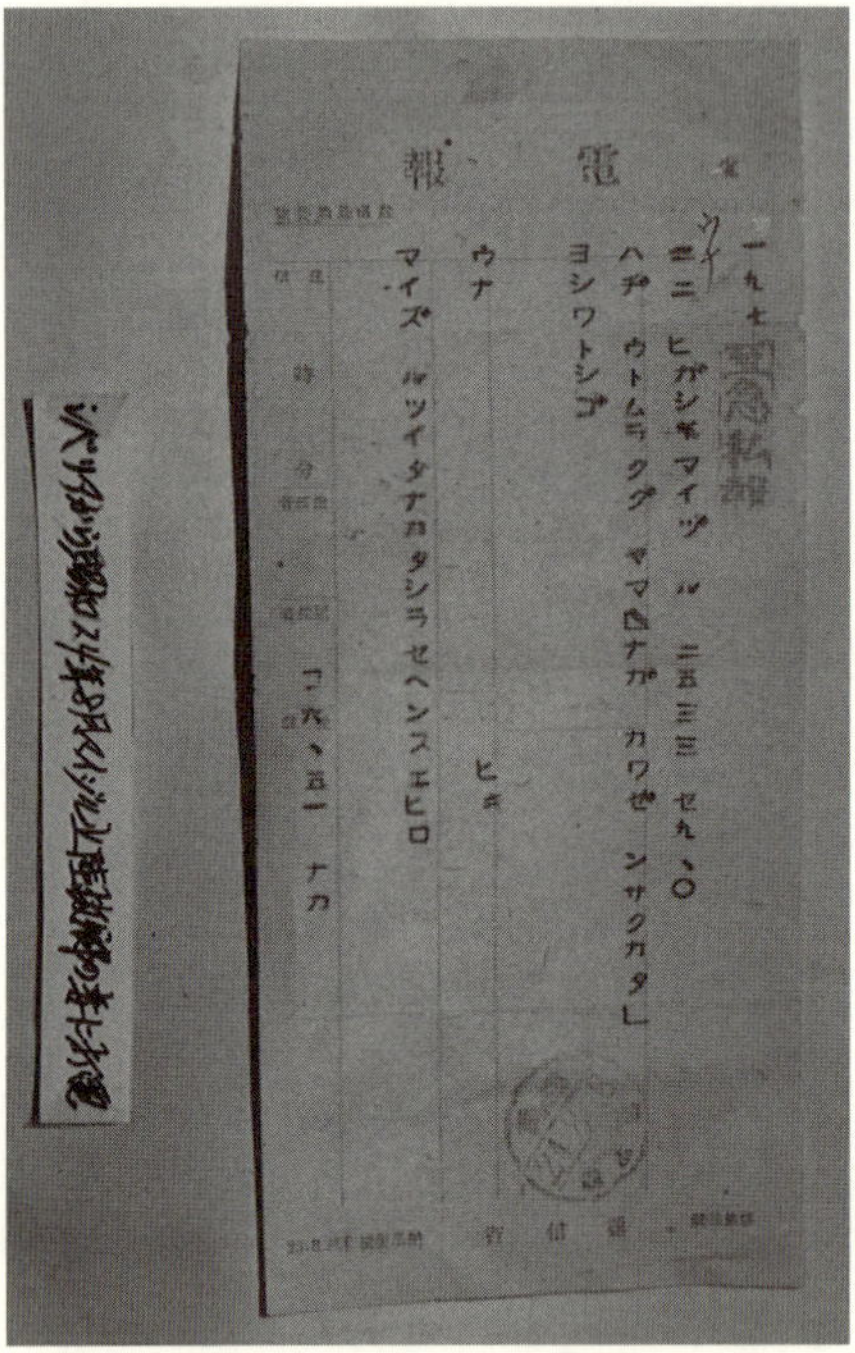

38　腕章

敗戦後、満州長春市で使用のもの
右から長谷川年子　長春市敷島区入舟町四ニ六
　吉川年子　同左
別に　吉川美津子
東北行営　日僑俘虜管理所　発行
長春市　日僑俘虜管理所
行橋字第一二九六八三
中華民国三十五年八月十五日

東北行營日僑俘管理總處
長春市日僑俘管理所
行僑字第129683
中華民國三十五年 月 日

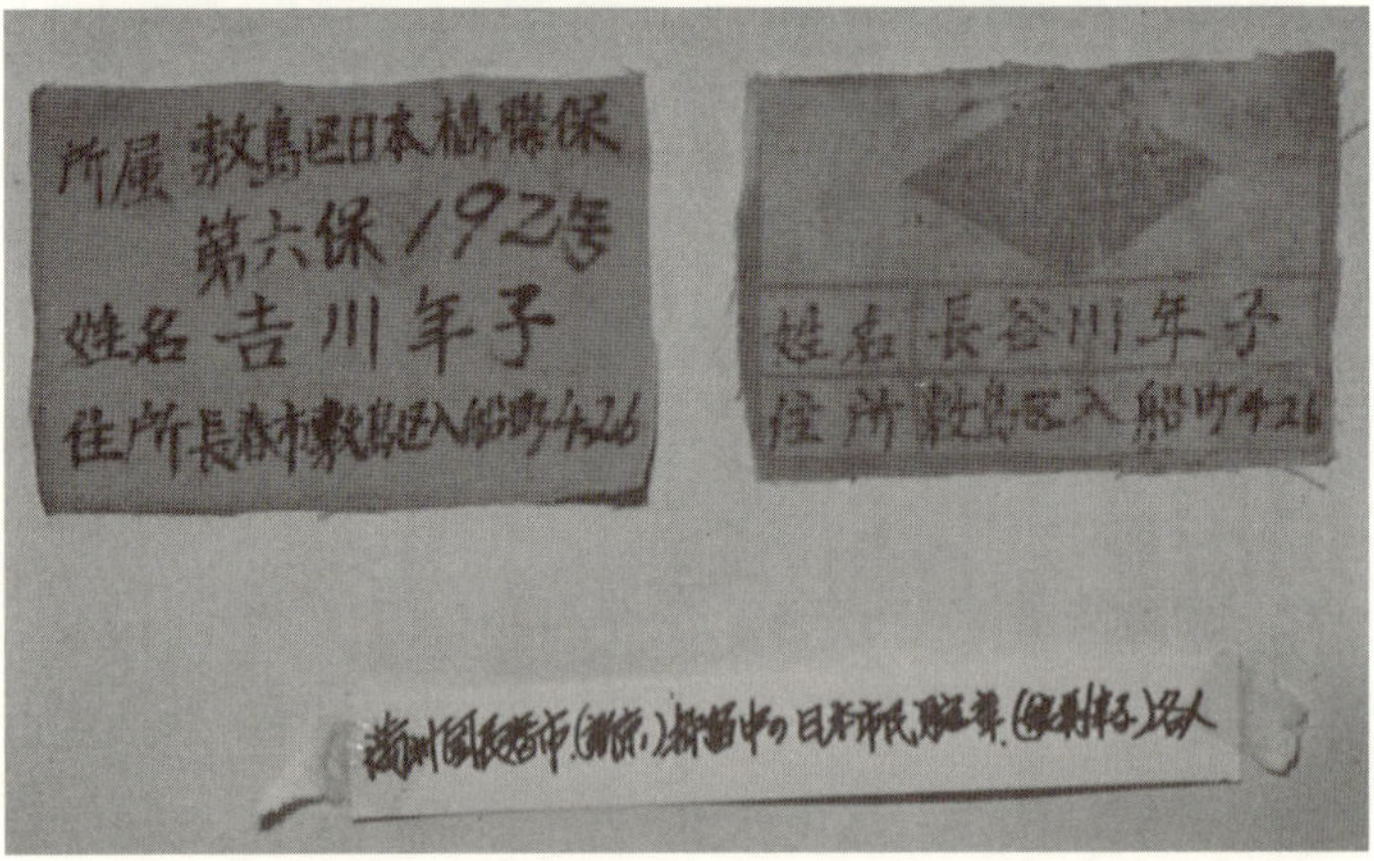
所属 敷島区日本橋聯保
第六保192号
姓名 吉川年子
姓名 長谷川年子

39　祭粢料（さいしりょう）

戦死すれば靖国神社の祭神、神様である。その神前に供える品々の料の意。「天皇・皇后両陛下」として「敬弔　陸軍大臣　東條英機」の名刺と共に留守部隊長が遺族宅へ持参した。

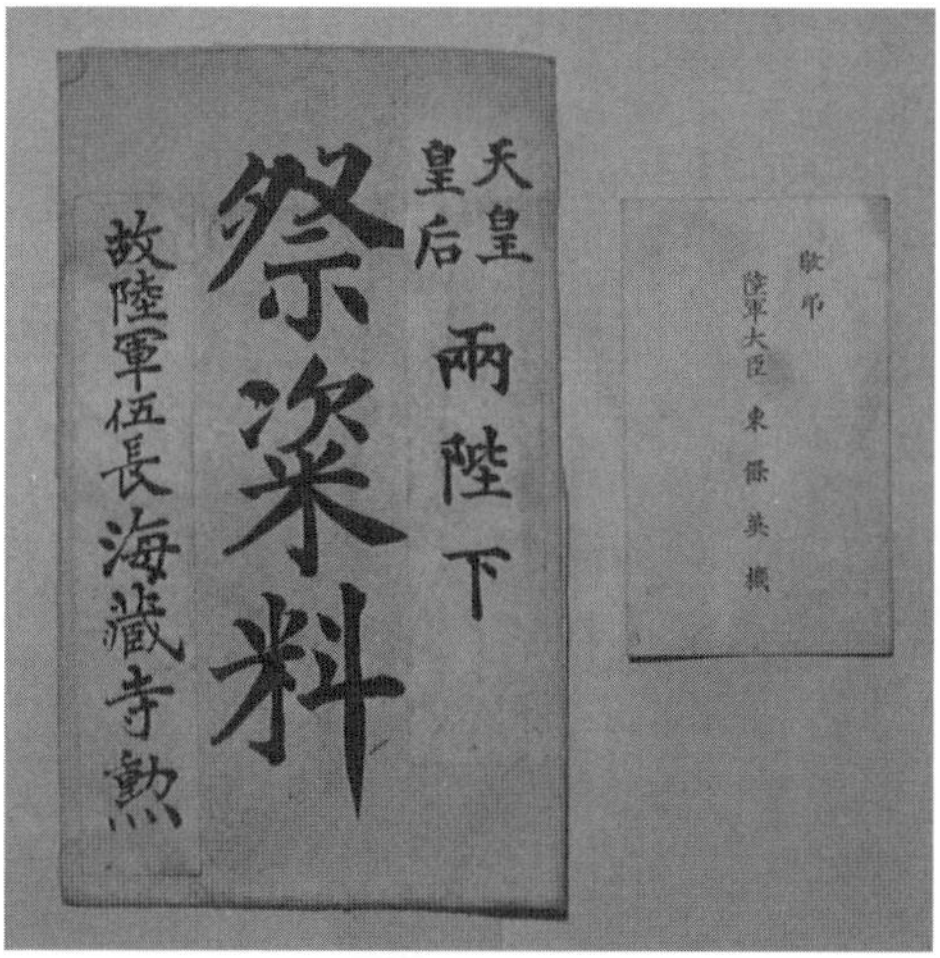

40　修了記念写真帖

一九四五（昭和二十）年目尾国民学校のアルバム。館長の武富智子が昭和十八年から昭和二十年の敗戦まで代用教員として働いていた時のもの。

昭和十六年に「小学校」が廃止され「国民学校」に制度が変わった。米英との戦いに備え、国民学校が「国民学校ハ皇国ノ道ニ則リテ初等普通教育ヲ施シ国民ノ基礎的錬成ヲ為スヲ以テ目的トナス」（国民学校令第一条）と位置づけられ、小学生も「少国民」としての教育を受けるようになった。

国民学校（国民学校）
修了記念寫眞帳

41　神風鉢巻

一九四四（昭和十九）年十月レイテ決戦で海軍特攻隊員が死出の旅に所持金不要と基地司令官木田海軍大佐に託し、飛行機生産に役立ててと言い残し出撃した。汗と油の滲んだ十円紙幣百八十枚、航空兵器総局長遠藤三郎中将は感激。お金は靖国神社遊就館に納め、長官機密費から百三十万本の鉢巻をつくりその年十二月八日の大詔奉戴日に全国で航空機生産に従事する者、勤労奉仕の女学生まで含め全員に由来書とともに配布した。その後空襲激化などで実物は僅かとなり数枚確認されているだけとなった。

42　ＧＨＱの郵便検閲

一九四五（昭和二十）年八月二十八日占領軍上陸。連合軍総司令部（ＧＨＱ）を設立。

一九五二（昭和二十七）年四月二十八日対日平和、日米安全保障条約各発行、ＧＨＱ廃止。

この間、占領状態にあり、個人間の通信も検閲。開封のセロテープが貼られていた。

43　半島収容所（模型）

筑豊……かつての産炭地。今一つひっそりしているが我国の石炭産出量の五十％を出していた。三百余もあった炭鉱もすべて姿を消して一つも残っていない。私たちのいるこの足元で多くの人々が石炭採掘に従事した。

戦時中は強制連行の朝鮮人、中国人、連合軍捕虜の人達もいたのである。

私の実家のすぐ近くに宮崎太郎（故人）さんがおられた。父と話が合うのでよくお見えになった。コップ一杯の冷酒といりこ、これがお茶がわりで話が弾んだ。宮崎さんは生粋の炭坑マン。若い頃から労働運動の闘士。「石炭はあった。だが掘れなくなった。汗と血と涙の歴史を残したい」この一念から七十歳を越してから「筑豊炭鉱遺跡研究会」設立を呼びかけ会長になられた。父も参加した。

この研究会の事務所が飯塚市の麻生鉱業本社の一隅にあってＡさんがそこにおられた。

Ａさんは元三井山野鉱業所設計課に長く勤務された専門家で炭坑の細かいところまで詳しかった。また、郷土史にも関心があって父はよく一緒に近郊のお宮を回って石造物などの調査のお伴をし勉強した。父が「強制連行朝鮮人・中国人・捕虜のことを

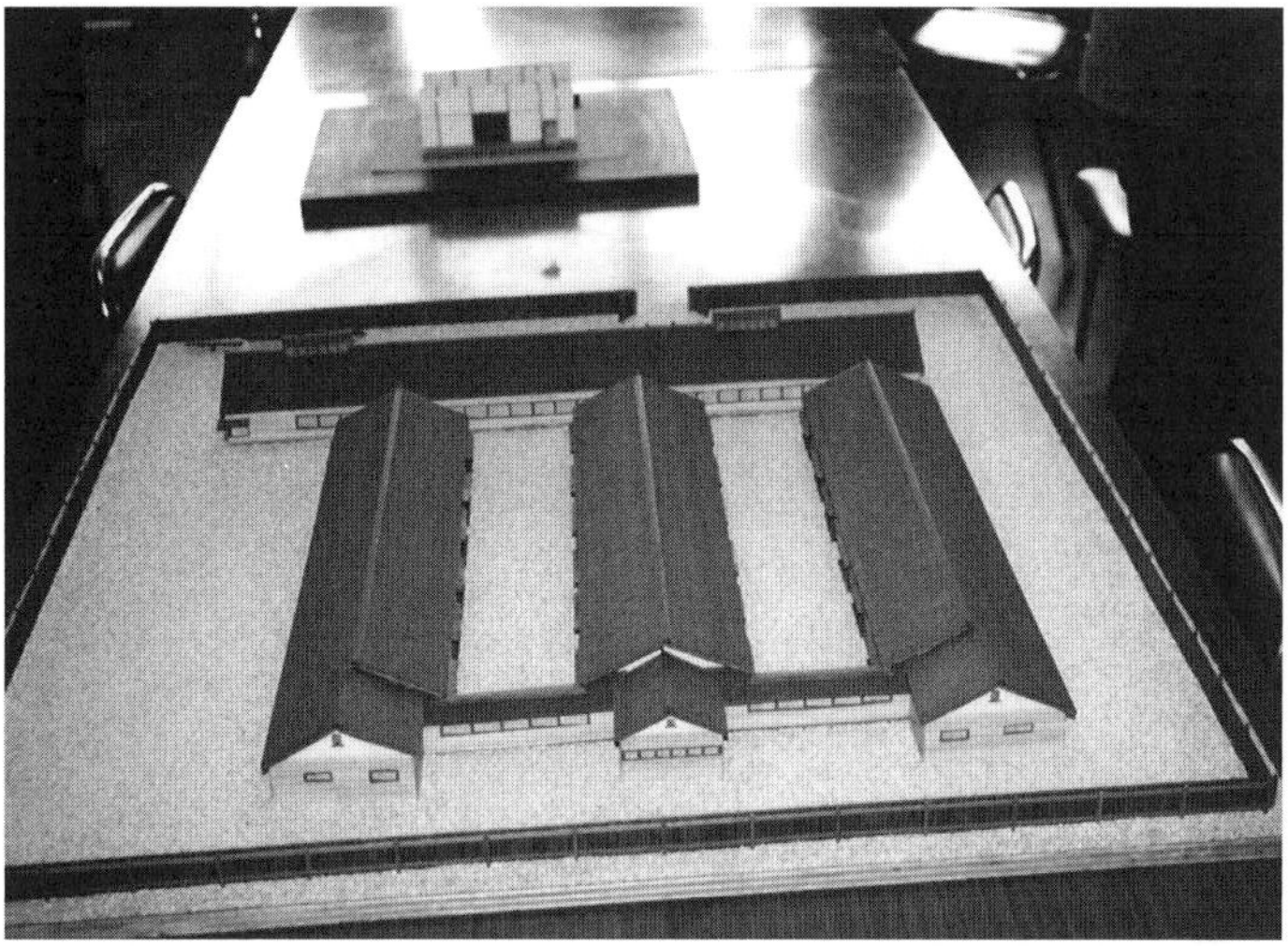

調べているが、どの炭鉱も書類を焼却して何ひとつ残っていない」と話したところ「あなたのやりたいことはこの一年余りお付き合いしてよく判った。探しているものは三井山野関係だけなら私が持っている。明日お見せしよう」

翌日行くと事務所の奥から両手いっぱい抱きかかえるようにして持って来て「これがそうです」見てびっくり。二十種類、約百六十枚の図面と書類、一九四三（昭和十八）年から二年間のもので朝鮮人収容所は設計工事者が「半島合宿所」と書いており、稲築町に四カ所、中国人収容所は「華工」とし三カ所、「苦力（クリー）」の文字も使っている。連合軍捕虜は「連合軍宿舎」とし二カ所でほぼ完璧に揃っている。保存状態もよい。「終戦直後、焼却命令が出ました。私が責任者だったので上司には焼却済み、一物も残さずと報告、密かに自宅に持ち帰り天井裏に隠しました。一度警察が調べに来た。あの時はヒヤッとしました」

設計図を見ると様々なことが判った。一九四三（昭和十八）年に設計者が会社に提出した「二段池半島合宿所」の原案では四三二畳の居室に二八八人収容を計画。一人につき一・五畳とした。しかし会社側は「合宿所宿舎変更比較表」を示し三三六人として増員、一人一畳を指示。これを以後実行させた。

また会社が同年県知事に提出した建造物等許可申請には、収容所周囲に塀を建てる計画が記述され「半島人逃亡防止ノタメ合宿周囲ニ高サ七尺、延長一四〇間ノ板塀ヲ新築スルモノトス」としている。

一九九三（平成五）年に判明したが福岡県で一九三九（昭和十四）から一九四五（昭和二十）年六月末まで朝鮮人労働者の総数は約十七万人に達するという。しかもその半数は逃亡によるものと思われる。この数字は当時の県特高警察によるもの。

「華工移入ニ関スル打合セ会要旨」という文書では、県外事課、衛生課、飯塚警察署などが出席し打合せ、入国月日が確定すると警察が県に連絡、当日は署員引率としていた。

一九九一（平成三）年、以上の図面、書類はAさんが「あなたの勉強に役立てばよい」とそっくり父に譲られた。

筑豊在住のルポライター林えいだい氏（故人）は「収容所の設計図の公開は初めて。朝鮮人、中国人は旧内務省から、連合軍捕虜は旧陸軍からそれぞれ廃棄処分が出ており、今の世にはないとされていた貴重資料だ」とコメント。

設計図は平面的で素人にはよくわからない。父は「模型で立体化しよう」と地元の近畿大学九州工学部建築学科桑原三郎教授に依頼。教授の指導で学生約二十人が一ケ月かかり全体百分の一、居室五十分の一の「第一坑新屋敷半島合宿所」の模型が見事に出来上がったのであった。これなら幼稚園児にでもわかる。

このように多くの人々のご協力で当資料館は続けられてきている。まことに有難いことと感謝の気持ちでいっぱいである。

二〇〇〇年一月に父と林えいだい氏編『異郷の炭鉱・三井山野鉱強制労働の記録』（海鳥社）が出版された。

44　戦場の花（夜香木）

「この花の香りをかぐと戦争の記憶が鮮明によみがえる」と父は話していた。一九七七（昭和五十二）年、ビルマ（現ミャンマー）に戦友の遺骨収集に行かれた方から苗木を頂き、丹精込めて育てた。翌年、六月に挿し芽をして増やし、五号鉢にして全国の遺族や希望者に送った。今は父の意思を次ぎ私が育てている。

戦場の花と呼ばれた夜香木。インパール作戦で敗走した日本軍将兵は戦死した友を埋葬する暇がない。片手首を切り取り、遺骸は夜香木の根元に横たえ、枝を数本折り戦友の胸元に置いた。手首は荼毘に付し、遺骨を飯盒に入れ運んだ。運んでいた兵士が戦死すると、別の戦友が引き継ぎ遺骨を運んだ。

夜のとばりが降りる頃、夜香木は開花し、徐々に馥郁とした香りをあたり一面に放ち始める。強烈な香りは、死臭を消し去るかのように夜明けまで匂った。

毎年、お盆が来ると開花した一枝を資料館に安置している戦没者の仏前に供え、戦没者を慰霊していた。

香りで戦争を告発する夜香木。今も資料館の庭にひっそりと開花を待っている。

夜香花咲き匂うらむ君眼る
ビルマの野辺に訪う人なし（武富登巳男）

二〇〇〇年八月一六日、林えいだい著『夜香花』――兵士・庶民の戦争資料館――「聞き書き」武富登巳男伝（燦葉出版社）が出版された。

あとがき

還暦……生を受けて六十年で再び生まれた時の干支に帰るということからこの風習が起こった。父は一九七七(昭和五十二)年還暦であった。家族が「祝いをどうしたら」と相談した。父は即座に言った。「家の一部を改修して戦争資料館をする。展示用ガラスケースなど用意しなければならないので祝宴の費用をそれに充てたい。年中無休、入館無料、施して報いを求めず。GIVE AND NO TAKE。常時訪問者のあることを考え、それなりに心構えがいる。とにかくやってみよう。もとより個人でやることではないが誰かやるだろうではなくわが家でやるのだ……」

突然の提案に家族も驚いたが皆賛成し協力を約した。永続するには家族の一致が不可欠であることを父は知っていた。

益々右旋回し、過去の戦争の実態を知らせまいとする世の中の動き。戦後生まれの世代が増えるにつれ戦争に安易な考え方をする傾向、時の流れが速くなり生活様式が変化するにつれて次々と消え去る品々。戦争中を生き抜いた生活用品がどんどん捨てられていく。こんな思いの交錯が父に戦争反省の証、反戦平和の砦としてやらねばならないと決心させた・

資料は公開、いつでも誰でも見られて価値がある。戦争体験を伝える方法としては伝承、文字、写真、映像、音声などが普通であるが、これに遺品、実物資料を加える。これらは、すべて戦場から持ち帰った生々しい品々でまだ硝煙の匂いが漂うようなものも、見る人に訴え迫力があるのが戦死者の遺品類。それらは戦争への怒り、悲しみ、空しさを訴えている。さらに戦時中の庶民生活日用品は物資不足の中で生き抜いた人々の苦難の形見である。毎日の生活にウソはない。

部屋の中央に小さな仏壇を安置。これに相応する「戦没者霊位」と銘記されたお位牌を安置した。傍らに詩人丸山豊さんの色紙「苔むす友を忘るまじ」の額を掲げる。戦死した戦友だけでなく、敵兵、内地での空襲・原爆などの死者、戦場となった国々の犠牲者、強制連行朝鮮人、中国人、また捕虜など戦争で倒れたすべての人達の霊を追悼。

わが国は中国とは十五年間戦争をした。多くの苦痛を与えている。米、英、蘭、仏と戦ったがそれぞれの国の植民地また勢力圏の国でそこの住民に災難を与えている。戦火に追われる悲惨、無情は体験者でなくてはわからない。加害者としての認識が必要である。

『兵士・庶民の戦争資料館』あえて平和記念館としないでこの名前にして還暦から

二年間の準備期間を経て一九七九（昭和五十四）年七月一日に資料館を開いた。

新聞、テレビなどで報道されると各地の遺族、従軍体験者から次々と品物が届けられる。他人が見れば何の変哲もないような品でも身寄りの者にとっては肉親が命にかえた品だからとても大切なものである。戦死した夫、また子のものを届ける妻や母の目に涙が光っている。何十年も守ってきたが自分も高齢、いつ死ぬかわからない。後片付けに来た人がこんな古いものと捨てたり焼いたりではすまない。そんな願いに応え、それらの品々を保存し次世代に戦争の実相を伝えることが使命であると父は確信した。もとよりこれは国がやることである。だがまだその動きがない以上あえてたとえ微力でもやらなくてはならない。歳月人を待たずとか、躊躇している間に戦争体験者は姿を没し、貴重な品々が散逸亡失していく。見るに見かねての発心というべきか。

全く草の根の個人の奉仕なので来館者が増える数と家計の赤字は比例。家族の協力で何とかやりくりできた。

初代館長の武富登巳男が二〇〇二年十一月二十四日逝去。奇しくもその日は母智子の誕生日であった。通夜、葬儀の後、十二月二十七日に有志による「武富登巳男を偲ぶ会」が催され全国から有縁の方々が参集。叔父の詩人大野隆司が書いた献詩が披露され、参集の皆様が感動されたことが昨日のようによみがえる。ここに紹介する。

献詩

―故武富登巳男に捧ぐ―

週二日のゴミ収集日になると
朝っぱらから　どこからともなく
飢えた烏の群れがやって来て
はらわたを食い漁るかのように
次々と生ごみを路上に撒きちらす
くりかえされるその凌辱の風景は
何故か　この国の政治の醜く
歪んだかたちをほうふつさせる
十二月十八日午前九時
一切の国会審議をすっとばして
イージス護衛艦「きりしま」が
母港の横須賀の吉倉桟橋から

インド洋へ向けて出港した
亡霊みたいな戦前のモノクロ写真を
見ているかのような錯覚
しかし　まぎれもなく
ぺらぺら喋っているのは
戦争体験の毛ひとつ
身につけていそうもない
タレント気取りのキャスターである
憲法前文と第九条は
不当に空文化され、ねじまげられ
辱められ、日常の
なにげない風景の襞に
飢えた鳥の悪ふざけどころではない
戦争そのものの文脈が
つよく滲みはじめている

（あったものは
なかったとはできない）

語り部としての武富登巳男は
この一点に絞って勝負を挑んだ
それは　途方もない
ドン・キホーテ風の
無鉄砲なたたかいだった
彼はひたむきに百草盤根の
土をかきわけ　忘却の底に
埋もれた戦友の遺品や手紙を集め
「兵士・庶民の戦争資料館」を開設した
ことばだけでは告発することの
空しさをよく知っていたからだ
死は、生きている存在の
すべてを破壊する―それに加えて

大量殺戮（ホロコースト）の時代では
「犠牲者の跡形もない消滅」という
事態すら起こり得る
アウシュビッツの
ガス焼却に象徴されるように。
だが、どんなに完全な隔離のなかで
その人の名前や記憶の痕跡を
消し去ることはできても
彼らを知り、彼らを愛し
彼らと同じ世界に生きていた
人びとの記憶だけは焼却できない
人が生きていた、という事実
権力によって無残な死を
強いられた、という事実は
永遠に償いえないものだ
だからこそ、いくさの語り部は

時間の不可逆性を逆手にとり
記憶のエチカとしての自覚に燃え
どんなささやかな追憶も
どんな小さな物語の断片も
「忘却の穴」の脅威から
救い出そうとする
名もなく世界の片隅で
黙々と死んで行った人びとの
ただ一回きりの「生」の証を
過去の絶滅しえない構成要素として
歴史のなかに刻み込もうとする

（あったものは
なかったとはできない）

（一度なしたものは

なさなかったとはできない）

無数の災厄、無数の「絶滅」が
あったし、これからもあるだろう
仮借ない時の流れのなかで
人びとの記憶は錆びつき
荒涼たるグローバリズムの下で
世界の償いは、なにひとつ存在しない
完全に沈黙を強いられた死者の
記憶を忘れるのでないかぎり
歴史の傷、精神の傷は癒えることはない
無辜の犠牲者の死を超えて生きること
戦争という国家による
公然たる殺人行為が
赦しえない犯罪であることを
証言するためにたたかうこと

死者の記憶を保持し
死者に代わって証言しつつ
生の「希望」を育むよりほかに
癒しはけっしてありえないのだ
語り部武富登巳男が開設した
「兵士・庶民の戦争資料館」の
ほんとうのねらいは
過去を語ることではなく
生きることの「希望」を
育み合う橋頭保なのかもしれぬ
二〇〇二年十二月二十七日「武富登巳男を偲ぶ会」にて
「詩集『素へ還る旅』大野隆司著　花書院二〇一五年刊」

二年前、同志社大学大学院グローバル・スタディーズ研究科現代アジア研究クラスター日本研究冨山一郎研究室の学生一行十一名が来館し熱心に見学。後日、お礼状と感想文が届いた。

無数に、所狭しと、戦争をくぐりぬけてきた品々が並べられている。圧倒されるのもつかの間、一つひとつの品々があの戦争を、その持ち主と一緒に戦場を駆け回っていたことに思いを巡らせる。触れることで、あるいは持ってみることで、あるいは身につけてみることで、感じる「ぬくもり」。生温かいような重み、一つひとつの品々に刻み込まれたその物を使っていた人の生の軌跡が、しっかりと感じられる。

・持ち主にとって、その品々はどんな存在であったのだろうか。
・どんな気持ちでその物を持って（使って）いたのだろうか。
・ふるさとのことを思い出していたのだろうか。
・家族や大事な人のことを思い出していたのだろうか。
・「生きて帰りたい」と思っていたのだろうか。

持ち主の心の拠り所になっていたのであろう品々に、触れることを通して、感じた「ぬくもり」は、私にいったい何を伝えようとしているのだろうか。感じたことを言葉にする難しさにとまどいつつも、何を考え、何を語ればよいのだろうか。そしてどうせよ、とこの物たちは訴えているのだろうか。

「日常」が戦争に組み込まれていくプロセス。戦争が「日常」を侵食していくプロセス。

……いや、「日常」と戦争、戦場は地続きだ。生と死が両極端ではないのと同じように、日常と非日常は明確に分けられない部分を併せ持つ。それは言葉の問題ではなく、現実の世界がそうなのだ。連続している。

そして「怖さ」を「怖い」と思わないこと（思えない）心性が現状追認の「加担」となってしまうこと。これはとても怖いことではないか。あれやこれや、頭の中でこんなことを思う。

戦場をくぐりぬけてきた品々は、持ち主がもういなくても、まるで血が通っているかのように、生き証人として何かを訴えかけている。この品々は、何を見、何を記憶し、今、ここに在るのだろうか。これらの品々は黙して決して語らないけれども、触れられることを通して、見、触れる者に何かを語りかけている。ぽつねんと在る、そのモノたち。戦争を考える大きな糸口を、戦場をくぐり抜けてきた品々に語りかけられている私は、いまだその語りかけに応える言葉を持ち合わせていない。今は、いつか持てるようになるともなかなか思えない。戦場をくぐりぬけてきた品々がみてきた風景やまなざしも、想像することしかできない。けれども、「触れる」ことで感じた手触りから、戦争とはいったい何であるかをこれからも考え続けていくこと。そして、考え続ける中で、温度のある言葉を紡ぎ出していける者になること。どれだけのプロセスを積み重ねていけばよいのか。それはまだわからない。ただこれからもそのモノたちとの対話を重ね、深めていきたい。目を離さないでいようと改めて思う。

『「ぬくもり」から考える　触れることを通して感じる戦争』と題した大学院生木谷彰宏さんの感想である。

「戦争を知らない世代にも戦争の悲惨を伝えて、二度と悲劇を繰り返させないためには、実物を見せることが一番。実物こそが歴史を語る」と話していた父の狙いはみごとに的中した。

「筑豊は二度、敗戦した」とも語っていた。終戦と閉山である。戦争を遂行するために鉄と石炭が支えた。筑豊で掘った石炭を使って、八幡で作った鉄を小倉の造兵廠に運んだ。そして国策によりエネルギーが石炭から石油に替わっていくとともに筑豊は「敗戦」し疲弊していった。そうした歴史を語るのは遺品しかない。「戦争を追及することが平和を守ることになる。そのためには遺品に語らせることであるとの信念を亡くなるその日まで貫き通した。

二代目館長の武富智子は父亡き後、今日まで資料館を守り続けている。五年前に脳出血で倒れ奇跡的に助かった。右半身麻痺の後遺症で車いす生活となった。リハビリに励み麻痺した右手右足も次第に動くようになり回復の兆しが見え始めた矢先に悪性リンパ腫を発症。現在抗がん剤を服薬しながら闘病中である。「死ぬまで館長は続ける」と意気軒昂である。大正末期に生を受け、昭和、平成、令和と生き抜いた母の凄さ逞しさ。要介護人間ではなく妖怪人間だと家族でその偉大さに敬意を抱きつつ一日も早い病気平癒を願っている。

長いあとがきとなったが生前父と親交がありお世話になった記録作家林えいだい氏の遺言を紹介したい。氏も昨年鬼籍に入られた。

歴史の教訓に
学ばない民族は
結局は自滅の道を
歩むしかない。

著者略歴　武富慈海（たけとみ　じゅかい）

1948年福岡県飯塚市に生まれる。2003年兵士・庶民の戦争資料館副館長。
資料館運営のかたわら講演活動を行い次世代に戦争の真実を語り伝えている。

ふれてください戦争に　　（検印省略）

2019年8月15日　初版第1刷発行

著　者　武　富　慈　海
発行者　白　井　隆　之

発行所　燦葉出版社　東京都中央区日本橋本町 4-2-11
電　話　03(3241)0049　〒103-0023
ＦＡＸ　03(3241)2269
http://www.nexftp.com/40th.over/sanyo.htm

印刷所　㈱ミツワ